D0847036

VERDURAS Y HORTALIZAS

10/20 . 12

Contenido

Cultivar verduras y hortalizas

Tan pronto como descubra lo fácil que resulta cultivar verduras y hortalizas, cualquier rinconcito de su jardín, por pequeño que sea, o incluso una maceta, le servirán para cultivar sus verduras y hortalizas preferidas.

Cultivar, cosechar, preparar y comer alimentos de su propio jardín forma parte de la misma actividad y es una experiencia de lo más gratificante. El trayecto del jardín a la mesa es un viaje apasionante; por ello, el objetivo principal de este libro radica en mostrarle lo fácil que es cultivar sus propias verduras y hortalizas, independientemente de su tipo de vivienda. Sus verduras y hortalizas preferidas ganarán en sabor y serán mucho más nutritivas, ya que se cosechan justo antes de cocinarlas o comerlas.

LA VERSATILIDAD DE LAS VERDURAS

¿Qué es una verdura? A efectos prácticos, una verdura es la parte comestible de cualquier planta herbácea, por lo que incluye la totalidad de una planta: las raíces, los bulbos, los tubérculos, los tallos, las hojas, las flores y, por supuesto, las semillas y los frutos.

Sin necesidad de profundizar en detalles técnicos, los frutos que se utilizan como verduras u hortalizas incluyen el tomate, el pimiento, la berenjena, el pepino, el melón y la calabaza. Los tallos o brotes incluyen el apio, el espárrago, la acelga, el puerro y el ruibarbo. Entre las verduras de hoja, que se pueden ingerir crudas o cocidas, se encuentran la col, las espinacas, la lechuga, la escarola y la col de Bruselas.

Son comestibles las raíces, los bulbos y los tubérculos de, por ejemplo, las zanahorias, las chirivías, la remolacha, el colinabo, el nabo, la cebolla y la patata. Las semillas se consumen como verduras tanto en estado maduro como inmaduro y entre ellas se encuentran las judías verdes, los tirabeques, los guisantes chinos, el maíz dulce y las habas. Entre las flores que se consumen como verduras se encuentran la coliflor, la alcachofa y el brócoli.

ELECCIÓN DEL LUGAR ADECUADO

Los huertos pueden ser de cualquier forma o tamaño. Aunque no es necesario prestar atención al diseño, deben estar situados en un lugar donde las plantas reciban luz solar la mayor parte del día y estar protegidos del viento. Es preferible que no haya árboles u otras plantas de jardín, ya que competirían por el agua y los nutrientes del suelo. Si la superficie de la tierra es poco profunda o de escasa calidad, se debe añadir un estrato con un drenaje adecuado para permitir el crecimiento de las raíces y evitar que la tierra se anegue después de intensas lluvias.

PREPARACIÓN DEL TERRENO

Los suelos pesados, tales como la arcilla o la arcilla marga, no deben trabajarse cuando están mojados; es preferible dejar que se sequen. Para mejorar este tipo de suelos, añada cal en forma de yeso (sulfato de calcio), ya que mejorará la calidad del suelo y, además, permitirá a la planta conseguir otros nutrientes esenciales, como el azufre y el fósforo. La materia orgánica, como, por ejemplo, el estiércol animal, la paja descompuesta, el serrín o el compuesto, es esencial para aligerar los suelos pesados y para mejorar la penetración de las raíces. Tiene la ventaja adicional de que suministra algunos de los nutrientes que necesitan las verduras y las hortalizas.

Los suelos arenosos no precisan ser cavados con demasiada frecuencia, pero presentan una retención de agua muy pobre. Este problema se puede subsanar añadiendo estiércol y, con cierta regularidad, una capa de hojarasca en la superficie de la tierra. Aunque a muchos no les gusta el aspecto, la hierba segada proporciona una protección excelente y se puede aplicar directamente en la tierra (aunque no en capas muy gruesas) o bien mezclarse con el abono orgánico.

CONSERVACIÓN DEL NIVEL DE PH

La mayoría de las verduras y hortalizas se desarrollan mejor en suelos cuyo nivel de pH oscila entre 6.0 y 7.0. El nivel de pH es una forma de medir el grado de acidez o alcalinidad del suelo. Los niveles oscilan entre 1 y 14. Un pH 7.0 se considera neutro. A medida que desciende el pH, aumenta la acidez; niveles de pH superiores a 7.0, hasta llegar a 14, representan un alto nivel de alcalinidad. El nivel de pH puede variar dependiendo del clima, por lo que es aconsejable comprobar el nivel de pH del suelo antes de plantar.

La mayoría de las hortalizas crece mejor en suelos ligeramente ácidos. Por tanto, si realmente quiere que sus plantas crezcan sanas, adquiera un medidor de pH. Es un aparato económico que se puede encontrar en la mayoría de centros de jardinería. Un huerto requiere un suministro regular de cal para mantener el nivel idóneo de pH. La cal contiene un nutriente esencial, el calcio. La cal se filtra con bastante facilidad en la tierra, especialmente en las regiones con lluvias abundantes, por lo que es necesario reponerla con cierta regularidad. Por norma general, una aplicación anual de entre 50 y 100 gramos de cal por metro cuadrado suele ser suficiente para evitar el problema. Si es usted aficionado al cultivo biológico, no es recomendable que mezcle la cal con estiércol de origen animal, ya que produce una liberación de amoniaco, con la consecuente pérdida de nitrógeno. Se puede recuperar el nivel de cal en la tierra mezclando cal o ceniza de madera con compuesto; es preferible mezclarla antes que añadirla directamente a la tierra.

Hoy en día, la cal para jardinería que a menudo se comercializa también contiene oligoelementos. La asimilación de oligoelementos y de otros nutrientes sólo tiene lugar con determinados niveles de pH. El nitrógeno, el fósforo, el calcio y el magnesio, por ejemplo, precisan un nivel de pH entre neutro y ligeramente alcalino para ser asimilados por la planta, mientras que el hierro, el magnesio y el boro prefieren un suelo ligeramente ácido. Sin embargo, aunque los niveles de pH suelen mantenerse constantes, recuerde que las bacterias se alimentan de humus y otras sustancias orgánicas en descomposición, lo que hace que los nutrientes y los oligoelementos puedan ser absorbidos por la planta. Si la tierra es pobre en humus, no tardarán en aparecer enfermedades fruto de esta escasez de nutrientes.

ACOLCHADO

El acolchado consiste en la aplicación de una capa sobre la tierra de cultivo para mantenerla sana, evitar el crecimiento de las malas hierbas y conservar la temperatura de la superficie uniformemente fría. El acolchado hace que los suelos pesados sean menos compactos e incrementa la oxigenación del suelo; asimismo, aporta nutrientes y retiene la humedad en los suelos arenosos. El recubrimiento del suelo con un plástico negro y opaco es un método de acolchado no orgánico que puede usarse en cultivos que precisan un suelo con elevadas temperaturas. No obstante, supone un problema para el riego, por lo que es aconsejable instalar sistemas de riego bajo el plástico.

Los sistemas de acolchado orgánicos, tales como hojas, abono, paja, césped cortado o serrín, tienen sus ventajas y sus inconvenientes. En el momento de usarse deben estar en estado de descomposición con el fin de evitar la compactación y la privación de nitrógeno a las plantas colindantes. Normalmente es preciso añadir nitrógeno al suelo y acolcharlo de vez en cuando.

ABONADO

Los vegetales y hortalizas que se cultivan en un huerto tarde o temprano necesitan fertilizantes. Abonar la tierra no es la solución universal, ya que el abono sólo contiene los elementos provenientes del material de abono. Los agricultores biológicos sólo utilizan productos «naturales» como, por ejemplo, sangre y hueso o estiércol de origen animal, aunque estos abonos suelen ser pobres en fósforo, a excepción del estiércol de ave. Los fertilizantes que se comercializan contienen los tres elementos básicos que precisan las plantas para crecer sanas: nitrógeno (N), fósforo (P) y potasio (K). Se utilizan en diferentes épocas del año y en cantidades variables dependiendo del tipo de verdura u hortaliza que se cultive, de la composición del suelo y del uso previo de otros fertilizantes. Las proporciones en las que se combinan estos tres elementos se conocen como la ratio NPK. Los fertilizantes completos suelen utilizarse con anterioridad o al mismo tiempo que la plantación y deben mezclarse bien con los primeros 10 cm de tierra. Use unos 50 g de fertilizante por cada metro de surco.

Es probable que durante el período de crecimiento deba añadir un revestimiento adicional de fertilizante o suministrar fertilizantes foliares suplementarios, los cuales, además, contienen los oligoelementos que necesita la planta.

PREPARACIÓN DE CAJONERAS

El cultivo en cajoneras elevadas constituye una combinación entre las jardineras y el cultivo en macetas. Asimismo, puede solventar el problema de la pobreza del suelo y del drenaje. El nuevo suelo debe hallarse unos 50 cm más elevado que el suelo colindante y confinado en jardineras de, aproximadamente, 1 metro de ancho y cercadas con traviesas, rocas u otros materiales de construcción resistentes. Los niveles de humedad de las plantaciones en cajoneras deben ser cuidadosamente controlados, ya que la tierra tiende a secarse con mayor rapidez que en las jardineras a nivel del suelo.

PLANIFICACIÓN DEL CULTIVO

Si dedica cierto tiempo a planificar el cultivo, podrá conseguir una planta mayor, al mismo tiempo que incrementará el volumen de la cosecha. Deberá tener en cuenta los siguientes factores, ya que son determinantes a la hora de elegir el tipo de verdura u hortaliza que va a cultivar.

• ¿Qué tipo de clima predomina en su región: tropical, templado o frío?

- ¿Cuál es el mejor período para plantar y cuándo debe recolectar?
- ¿Es mejor sembrar semillas o usar plantel?
- ¿De cuánto espacio dispone en su huerto? ¿El suelo es adecuado?
- ¿Necesita construir espalderas para las plantas?

CLIMA

Elija el tipo de verdura u hortaliza que va a plantar en función del clima. ¿Cuáles van a ser las temperaturas máximas y mínimas durante el período de crecimiento? Las verduras y las hortalizas normalmente se desarrollan satisfactoriamente en temperaturas entre los 5 y los 30 ºC. La velocidad de crecimiento aumenta a temperaturas altas y se reduce a bajas temperaturas. Las verduras de hoja como, por ejemplo, la lechuga o la col, se estropean y florecen prematuramente en climas cálidos. Por otro lado, si las temperaturas descienden, especialmente durante la noche, cuando se forman las heladas, las flores de algunas verduras y hortalizas tales como el pimiento, se caerán y no fructificarán. En ambos casos, la consecuencia es la reducción de la cosecha.

SIEMBRA Y RECOLECCIÓN

Por lo general, las fechas de siembra dependen de la resistencia de la planta y de su tolerancia a las bajas temperaturas. Resulta prudente, sin embargo, tener en cuenta qué plantas son adecuadas para las estaciones frías y cuáles para las estaciones cálidas de su región en particular. Las plantas de estación fría necesitan madurar antes de que llegue el calor; de lo contrario, no germinarán. Las plantas de estación cálida no toleran las heladas y, por norma general, presentan hojas más grandes y un mayor volumen de raíces que las plantas de estación fría. Sin embargo, soportan mejor la sequía.

Las fechas de cosecha, que corresponden al número de días que va desde la siembra hasta la madurez de la planta, varían dependiendo de la planta. Algunas plantas se pueden cosechar a principios de la estación de recolección, otras a mediados y otras a finales.

SEMILLAS Y PLANTITAS

Es cuestión de preferencias, y depende, en gran medida, del espacio y del tiempo disponibles. Puede sembrar las semillas directamente en el acolchado o bien cultivarlas en una jardinera, una maceta o una caja para vivero hasta que se conviertan en plántulas. Las plantitas se plantan directamente en el huerto o bien en macetas.

Si las planta directamente en el suelo, cave un surco estrecho de unos 10 cm de profundidad y 10 cm de anchura. Reparta el fertilizante por todo el surco y vuelva a cubrirlo con la tierra. Siembre las semillas sobre la tierra y cúbrala con una fina capa de tierra enriquecida con arena gruesa para evitar que se compacte y facilitar que salgan los nuevos brotes durante la germinación. Apisone la tierra y manténgala húmeda, aunque no mojada. Será necesario regar abundantemente dos veces al día. Si las planta en el exterior, procure proteger las plántulas del calor extremo y las intensas lluvias. En jardineras de madera, use una malla de polietileno para dicho fin.

También puede hacer crecer las plántulas en uno de los múltiples tipos de maceta que existen en el mercado. Las macetas tienen la ventaja de que proporcionan un entorno protegido y controlado para la planta en desarrollo, de manera que, cuando la trasplante en el huerto, será lo suficientemente resistente. Si deja crecer las plántulas en macetas, use una mezcla de tierra que contenga partes iguales de arena o humus arenoso y musgo de turba. La vermiculita es un buen sustitutivo del musgo de turba. Por cada litro de mezcla de tierra, añada 8 g de fertilizante NPK 5:7:4, 4 g de sangre y hueso y 5 g de dolomita (cal). Una vez plantadas en la maceta, añada fertilizante soluble una vez a la semana.

PLANTACIÓN: ESPACIO, SUELO Y SOPORTE

El acceso a la luz solar es vital, por lo que resulta esencial observar por dónde penetra el sol entre los edificios colindantes, arbustos o vallas durante el día antes de elegir el lugar de siembra. En suelos inclinados será necesario un retén de traviesas, rocas u otro material de construcción. Compruebe el estado del suelo: ¿necesita añadir fertilizantes, estiércoles animales o compuesto?

El tipo de verduras u hortalizas que vaya a plantar dependerá de sus necesidades y preferencias. Deberá decidir si quiere una importante cosecha, un rápido crecimiento o una especie exótica o difícil de conseguir. Utilice las vallas circundantes como apoyo para las chayoteras o las judías trepadoras. Mantenga las plantas más altas, como las tomateras o los pimientos entutorados, y las hortalizas de hoja, como el ruibarbo, las habas o las espinacas, en las filas posteriores. Las hortalizas más pequeñas, tales como las zanahorias, la remolacha y la lechuga, se pueden cultivar en la parte frontal. Puede sembrar los bordes del contenedor con hierbas aromáticas, como, por ejemplo, el perejil. Consulte las tablas de desarrollo de la planta antes de sustituir una verdura o una hortaliza de crecimiento rápido por otra a lo lardo del año, hecho que le asegurará una producción constante del huerto.

PLANTACIÓN SUCESIVA

Tómese cierto tiempo para comprobar si el espacio de su jardín es insuficiente para cultivar las plantas que pretende cosechar a lo largo de la estación de crecimiento. Si es así, empiece el cultivo sucesivo con una planta de estación fría y de crecimiento rápido como, por ejemplo, la espinaca o la lechuga, seguidas de verduras de estación cálida, como el maíz, la calabaza de verano o el calalú.

En otoño, plante tubérculos como, por ejemplo, la remolacha, el nabo o el colinabo. Saque provecho a las superficies enrejadas; para ello, plante guisantes en la estación fría y pepinos en los meses más cálidos.

El cultivo sucesivo o rotativo es una práctica aconsejable en huertos de cierto tamaño donde no prima el espacio. No plante dos cultivos sucesivos de la misma planta o de plantas de la misma familia en la misma área. Por ejemplo, alterne el cultivo de tubérculos como la zanahoria o la remolacha con el de verduras leguminosas como los guisantes o las judías. Este tipo de rotación de cultivos reduce la aparición de plagas y enfermedades en el suelo y favorece el sano crecimiento de las verduras.

MÉTODOS NATURALES PARA PROTEGER LAS PLANTAS

Todas las plantas necesitan protección contra las plagas y las enfermedades. Aunque el uso de productos químicos está muy extendido, existen diversos métodos naturales u orgánicos que cumplen este fin.

CULTIVOS COMBINADOS

La compatibilidad de las plantas constituye la base de esta práctica. Se trata de una ciencia inexacta, y muchos botánicos podrían desacreditarla. No obstante, la observación por parte de los agricultores a lo largo de los años ha mostrado que algunos vegetales y hierbas aromáticas se desarrollan mejor junto a otros vegetales, y que otros, en cambio enferman o no se desarrollan. Muchas plantas, en su hábitat natural, si se las deja crecer y reproducirse a lo largo de los años, establecen determinadas relaciones entre ellas: algunas plantas de raíces poco profundas crecen a la sombra de sus vecinas más grandes, que las protegen de la exposición directa al sol, que, de otro modo, podría secarlas.

El efecto opuesto se puede observar en monocultivos tales como huertas o plantaciones de árboles frutales, en los que se cultiva un solo tipo de planta para producir determinada cosecha. Si alguna de ellas sufre una enfermedad, o es atacada por un hongo o plaga específicos de esa especie, los problemas se extienden a toda la plantación.

Muchos agricultores creen que los cultivos combinados juegan un papel importante en la prevención de plagas y enfermedades. Algunos incluso mantienen que no es recomendable utilizar insecticidas, herbicidas o fungicidas artificiales o químicos, y practican el cultivo combinado como alternativa.

PULVERIZACIÓN DE RUIBARBO

Es letal para los insectos chupadores. Las hojas del ruibarbo son venenosas, por lo que este preparado se debe usar con prudencia. Manténgalo fuera del alcance de los niños y no recolecte las verduras u hortalizas antes de dos semanas después de la pulverización. Para preparar la infusión, pique y hierva 10 hojas grandes de ruibarbo en 3 litros de agua durante 30 minutos. Añada 10 g de detergente en polvo y remuévalo hasta que se diluya. Refrigérelo y cuélelo.

MANZANILLA

Ponga una taza de flores de manzanilla en remojo en un cuenco con agua fría durante 3 días. Cuele la infusión y pulverice aquellas plantas jóvenes que estén mustias. Es especialmente efectiva con las plántulas jóvenes cultivadas en macetas, ya que reduce el efecto del *damping-off* (enfermedad fúngica que causa la muerte de las plántulas).

JABÓN

Se trata de una sencilla mezcla que podrá utilizar cuando no disponga de ningún otro producto. Actúa recubriendo los insectos con una fina película y asfixiándolos. Es probable que deba repetir el proceso varias veces. Una vez los insectos se hayan caído de la planta, lave bien las hojas con agua fría. Puede tratar con este preparado las plagas de piojos harinosos, la cochinilla y las orugas. Mezcle 16 g de detergente en polvo en 2 litros de agua.

PERMACULTURA

El término «permacultura» constituye una contracción de las palabras «permanente» y «agricultura», un sistema ideado y creado por el biólogo y naturalista Bill Mollison. Se trata de «una filosofía y una aproximación al uso de la tierra que interrelaciona el microclima, las plantas anuales y las plantas perennes, los animales, el suelo, la gestión del agua y las necesidades del ser humano para dar lugar a comunidades productivas e intrincadamente conectadas» (*Introduction to Permaculture*, 1991).

La distribución de los huertos y herbarios en términos de permacultura no es un concepto fijado o rígido. La distribución se basa en la frecuencia con la que visite el huerto y en el tamaño y la variedad de sus cultivos. Es preferible que los arriates se ubiquen cerca de la vivienda para facilitar el acceso. Este tipo de cultivo proporciona luz solar y sombra, así como un buen drenaje, y las plantas se cultivan de acuerdo con el entorno. Los tomates, las berenjenas o las judías pueden sembrarse en arriates estrechos con estructuras de apoyo. Aproveche para plantar junto a verduras de ensalada de crecimiento rápido, como las cebolletas o la roqueta.

CULTIVOS EN MACETA

Si las condiciones son óptimas, puede cultivar pequeñas plantaciones de verduras y hortalizas incluso en el más reducido de los espacios. Las macetas, que se pueden encontrar en multitud de formas y tamaños, son ideales.

Este método de cultivo está especialmente indicado para aquellas personas con problemas físicos o incapaces de trabajar huertos grandes, pero que, sin embargo, valoran una fuente de productos frescos cerca de casa. También está indicado para regiones donde la contaminación del suelo pueda poner en peligro la viabilidad del cultivo.

Los tiestos, los barriles de madera, las cestas colgantes y la terracota, así como las macetas de cemento o de plástico, son sólo algunos de los recipientes que se pueden utilizar. Le presentamos a continuación algunas normas básicas que debe seguir:
• No utilice recipientes galvanizados ni macetas con la abertura estrecha.
• Las macetas de plástico son económicas, pero se deterioran con el sol, y las de terracota se secan rápidamente. Las de cerámica son excelentes, pero necesitan más de un orificio de drenaje.
• Los barriles u otros recipientes de madera deben tratarse antes de plantar para evitar que la madera se pudra.
• Use recipientes de entre 15 y 120 litros de capacidad. Los recipientes pequeños limitan el desarrollo de las raíces y se secan rápidamente. Las plantas de raíces profundas precisan recipientes hondos.
• Practique agujeros de, aproximadamente, 1 cm para un drenaje adecuado y cubra la base del recipiente con papel de periódico o unas capas de plástico de polietileno para impedir la pérdida de tierra. No es necesario añadir gravilla o trozos de cerámica dentro del recipiente.
• En los climas cálidos es preferible usar recipientes de colores claros en lugar de recipientes negros con el fin de reducir la absorción de calor y el crecimiento irregular de las raíces.
• El tamaño del recipiente que deberá utilizar dependerá del tamaño o el número de plantas que quiera cultivar.
• Los recipientes deben colocarse sobre ladrillos o bloques para facilitar el drenaje.
• Las cestas colgantes pueden cubrirse con capas de musgo esfagno para retener el agua. Evite que las cestas colgantes estén expuestas al sol de la tarde y protéjalas de los vientos intensos.

SUSTRATO Y ABONADO

Adquiera un abono comercial de buena calidad que no contenga semillas no deseadas ni enfermedades que tengan su origen en la tierra. La mayoría de los sustratos de los huertos son demasiado pesados y no son aptos para el cultivo en maceta. El sustrato debe ser ligero, debe retener la humedad (la turba en polvo es ideal) y drenar con rapidez. El nivel de pH recomendado es de 5.6 a 7.0.

PLANTACIÓN

Es más rápido partir de plántulas que de semillas. Apisone el sustrato en torno a las raíces, de forma que queden a unos 4 cm de la superficie del recipiente. Deje 4 cm de espacio entre la superficie del sustrato y el borde del recipiente. Inserte un pulverizador en la manguera para potenciar la retención de agua y de tierra alrededor de las plantas. Las mezclas de compost son ácidas, por lo que deberá añadir cal y fertilizantes a la tierra durante el período de crecimiento. Se recomienda añadir un fertilizante líquido una vez a la semana. Después de plantar, cubra la superficie de la tierra con una capa de musgo de 1 cm de grosor. Si planta hortalizas de hoja como la lechuga, deje al descubierto la superficie de la tierra, ya que son susceptibles de pudrirse.

QUÉ SEMBRAR EN UN RECIPIENTE

Las hortalizas pequeñas de ensalada, como la lechuga de hoja de roble o el berro de prado, o las verduras como la acelga, con un período breve de crecimiento, son idóneas para el cultivo en recipientes. Los tomates cereza y otras hortalizas, como el pimiento o la berenjena, también se pueden cultivar fácilmente en recipientes, así como los tubérculos, como las zanahorias baby, los rábanos y las cebollas tiernas.

Aplique prácticamente los mismos hábitos de riego y fertilización tanto con las hierbas aromáticas como con las verduras y las hortalizas cultivadas en recipientes. Combine las hierbas aromáticas de crecimiento rápido con las verduras de crecimiento lento, como el brócoli. Deberá sincronizar el período de crecimiento de las diferentes plantas.

COCINAR LAS VERDURAS Y HORTALIZAS

Las verduras y las hortalizas constituyen una forma sabrosa y nutritiva de mantener una dieta equilibrada; además, proporcionan la mayoría de las vitaminas y minerales esenciales para la salud. La naturaleza garantiza la variedad, ya que cada mes del año una verdura distinta llega a su punto óptimo de maduración. Permita que cada estación constituya su guía para una alimentación económica y muy sabrosa.

Los tiempos de cocción varían de acuerdo con el método de cocción empleado y la calidad, el tamaño, la cantidad y la frescura de las verduras. Cocine las verduras y las hortalizas con la piel siempre que sea posible.

• La forma más sana de cocinar las verduras y las hortalizas es en el microondas con muy poca agua. De esta forma conservan la mayoría de sus nutrientes. Las verduras de hoja, una vez lavadas, no necesitan agua para cocinarse en el microondas.

• Para cocinar las verduras al vapor, cuézalas suspendidas en un recipiente cerrado con una escasa cantidad de agua hirviendo.

• Hervir las verduras implica sumergirlas completamente o, como mínimo, cubrirlas de agua hirviendo y mantener constante la temperatura hasta que estén listas. Al hervir las verduras y las hortalizas, los nutrientes solubles en agua se diluyen en el agua de cocción, por lo que no debe desecharla: úsela para preparar sopas, estofados y salsas.

• Para, simplemente, darles un hervor, hierva las hortalizas de 5 a 8 minutos y escúrralas.

• Para escaldarlas, cúbralas con agua hirviendo con sal y déjelas cocer durante muy poco tiempo. El agua fría se usa en la segunda fase de cocción. En ocasiones, las hortalizas se escaldan antes de congelarlas.

• Para confitarlas, cocínelas con un poco de agua, azúcar y mantequilla hasta que la mezcla quede reducida a sirope; remueva constantemente para evitar que se queme. La remolacha, los rábanos, las cebollas, las chirivías y las zanahorias se prestan a ser confitadas.

• Los purés de verduras se preparan con el robot de cocina o la licuadora o bien a mano prensándolas en un colador. Los purés de verduras se pueden comer inmediatamente o bien congelarse. En tal caso, deberá descongelarlos antes de consumirlos.

Asparagus officinalis

ESPÁRRAGO

CARACTERÍSTICAS

Una de las características de esta resistente planta perenne que llega a alcanzar hasta 1 m de altura es su atractivo y ligero follaje parecido al del helecho. La parte comestible de la planta es el tierno tallo o lanza. Las flores masculinas y femeninas crecen en plantas diferentes. Las plantas macho producen unos espárragos mejores y más largos; las plantas hembra, que se distinguen por sus bayas rojas, deben ser reemplazadas tras el segundo otoño después de plantadas. Esta deliciosa verdura es fácil de cultivar.

CONDICIONES

CLIMA — Crece adecuadamente en climas de templados a fríos y resiste bien las heladas, que coinciden con su período de letargo.

UBICACIÓN — Prefiere la exposición al sol, aunque crece parcialmente a la sombra. Cuando se planta en arriates, necesita un suelo con un drenaje adecuado y un pH 6+. No es apto para el cultivo en recipientes.

SUELO — Prepare lechos uniformes de unos 35 cm de profundidad con abundante materia orgánica y un fertilizante completo a razón de 0,5 kg por cada 9 m². Cave surcos de 25 cm de anchura y 25 cm de profundidad. Coloque las plantas separadas unos 40 cm entre sí. Cubra los surcos con 5 cm de tierra. A medida que la planta vaya creciendo, vaya añadiendo tierra al surco hasta que quede cubierto por completo, pero deje los brotes nuevos al descubierto. Para el espárrago blanco, coloque la garra en el fondo de un surco de unos 25-30 cm de profundidad y cúbrala con tierra a finales de invierno. La planta va «muriendo» lentamente en invierno y brota en primavera.

CRECIMIENTO Y CUIDADOS

PROPAGACIÓN — Siembre las semillas en primavera en lechos especiales. Trasplante las plantas de dos años al suelo definitivo en invierno o en primavera. Como alternativa, puede adquirir plantas de dos años y plantarlas en invierno.

RIEGO — Mantenga la tierra húmeda, especialmente cuando se estén formando los espárragos. Un suelo seco da lugar a espárragos leñosos y con hebras.

ABONADO — Añada regularmente un fertilizante con elevados niveles de nitrógeno (NPK 10:4:6) a razón de 450 g por 9 m², en verano, para estimular el crecimiento y, a finales de invierno, para que broten los espárragos.

PROBLEMAS — No suele presentar problemas. Plante variedades resistentes a la roya para reducir sus efectos. Pulverice contra el escarabajo del espárrago en caso de que constituya un problema.

RECOLECCIÓN

COSECHA — Recolecte los espárragos a finales de invierno o a principios de primavera, cuando la planta tenga tres años. El período de recolección dura unas 8 semanas. Corte los espárragos cuando alcancen unos 15 a 20 cm al nivel o ligeramente por debajo del nivel del suelo, procurando no dañar los brotes nuevos colindantes. Si se abren las brácteas de la yema, significa que ya es tarde para recolectarlos. Coseche los espárragos de una misma hilera en intervalos de dos semanas. Corte los espárragos blancos 15 cm por debajo del nivel del suelo cuando la punta sobresalga de la tierra. La producción aumenta con los años y la planta alcanza su madurez a los 4 o 5 años.

Phaseolus vulgaris

JUDÍA

CARACTERÍSTICAS

Esta planta anual, tanto en sus variedades trepadoras como en las enanas, posee hojas compuestas de tres folíolos que se pueden recolectar y usar en ensaladas, ya que son bastante nutritivas. Las flores son comestibles y poseen distintos colores. Las vainas antes de madurar son comestibles. Las judías pueden ser verdes, amarillas o moradas dependiendo de la variedad. Las hay con y sin hebras. Las judías trepadoras son más fructíferas y durante un mayor período de tiempo que las variedades enanas.

CONDICIONES

CLIMA	Es una hortaliza de estación cálida que no tolera las heladas. En climas cálidos subtropicales se puede cultivar durante todo el año.
UBICACIÓN	Prefiere los lugares soleados donde la tierra esté templada. Las judías trepadoras necesitan un enrejado u otro tipo de estructura de, como mínimo, 2,5 m de altura para poderse apoyar mientras crecen.
SUELO	Tanto las judías enanas como las trepadoras se cultivan de la misma forma. El suelo debe estar bien drenado y fertilizado. Si la tierra es demasiado arenosa, añada abundante materia orgánica. Acolche la tierra con compuesto para proteger el sistema radicular poco profundo y favorecer la retención de agua. Forme montículos de tierra alrededor de las plantas para protegerlas del viento. Cuando retire las malas hierbas, tenga cuidado de no remover la tierra y dañar las raíces que hay justo debajo de la superficie. Algunas variedades son aptas para su cultivo en recipientes medianos o grandes. Consulte a su vivero para asegurarse de que su variedad es apta.

CRECIMIENTO Y CUIDADOS

PROPAGACIÓN	Mediados de primavera y finales de verano es el mejor momento para sembrar. Con independencia de dónde resida, plante siempre después de los períodos de frío y transcurrido el riesgo de heladas. El período de crecimiento es breve, alrededor de 10 o 12 semanas, y con elevadas temperaturas (superiores a 27 °C) las vainas no llegan a formarse. Las judías enanas maduran con mayor rapidez que las trepadoras. Por ello, alterne la plantación teniendo en cuenta este hecho. Plante las semillas directamente en la tierra. Siembre las judías trepadoras separadas 15 cm entre sí en hileras a una distancia de 1 m. Siembre las judías enanas separadas 6 cm una de la otra en hileras con una distancia de 60 cm.
RIEGO	En suelos arenosos el riego es esencial, ya que las judías tienen raíces poco profundas. Las semillas que se han sembrado en suelos húmedos no necesitan riego hasta que nacen las plántulas. En el período de floración, las judías necesitan humedad. En climas fríos, riegue con un aspersor.
ABONADO	Si el suelo presenta escasos niveles de pH, añada 200 g de cal por metro cuadrado un mes antes de sembrar. Aplique un fertilizante completo (NPK 5:6:6) formando una capa de 4 cm de ancho a ambos lados de las plantas jóvenes o bien aplíquelo en forma de una franja cubierta de tierra debajo de las semillas recién sembradas a razón de 60 g por metro de tierra. Evite el contacto directo de las semillas con el fertilizante. Añada fertilizante líquido cuando empiece la floración.
PROBLEMAS	Las plagas principales son los áfidos, la araña roja (a mediados de verano y a mediados de otoño) y la mosca

del frijol. Se recomienda controlar
enfermedades como la necrosis
bacteriana, el mosaico y la antracnosis.
La forma de controlar las plagas y las
enfermedades consiste en fumigar
con pesticidas. Mantenga el entorno
de la planta libre de plantas muertas
con el fin de evitar el contagio de
enfermedades. Alterne los cultivos
cada estación, siempre que sea
posible, para evitar la transmisión
de enfermedades.

RECOLECCIÓN

COSECHA

Las judías enanas maduran en unas
10 semanas y las trepadoras se pueden
recolectar en 10 o 12 semanas.
Si recolecta las judías con frecuencia,
fomentará la floración de la planta.
Las vainas están listas para ser
recolectadas cuando se desprenden
fácilmente de la planta con la ayuda
de los dedos y las semillas no están
completamente desarrolladas.

Vicia faba

HABA

CARACTERÍSTICAS

Se trata de una planta anual de invierno y resistente que puede alcanzar 1,5 m de altura. Sus tallos son cuadrados y producen pequeños folíolos que confieren a la planta un aspecto frondoso. Las flores dan lugar a unas vainas, de unos 15-20 cm, en cuyo interior albergan semillas comestibles en primavera y a principios de verano. Las semillas son grandes y normalmente se usan tiernas, aunque, a menudo, también se pueden conseguir secas. Es especialmente fácil de cultivar, por lo que es un vegetal adecuado para cultivar en el huerto de su casa.

CONDICIONES

CLIMA | Crece muy bien en climas templados y en climas fríos con temperaturas inferiores a los 20 °C, ya que el frío potencia la formación de las vainas. Las vainas no se llegan a desarrollar en regiones con veranos cálidos.

UBICACIÓN | Prefieren la exposición al sol y suelos alcalinos, bien drenados y ricos en materia orgánica.

SUELO | Sólo requieren cierta atención durante los 4 o 5 meses de crecimiento, en los que la planta alcanza su madurez. Son plantas idóneas para ser cultivadas en huertos pequeños, pero no están especialmente indicadas para su cultivo en recipientes. Si la buena cosecha está asegurada, puede pinzar los brotes en crecimiento para acelerar su madurez.

CRECIMIENTO Y CUIDADOS

PROPAGACIÓN | Siembre las semillas directamente en la tierra a principios de otoño en climas cálidos o templados y entre otoño e invierno en climas de templados a fríos. Las hileras deberían estar separadas 1 m y las semillas sembradas a 5 cm de profundidad, separadas 5 cm. Las semillas tardan 18-20 semanas en alcanzar la madurez.

ABONADO | Al igual que otras legumbres, las habas incorporan nitrógeno atmosférico a la tierra a través de las bacterias fijadoras de nitrógeno de sus raíces. Gracias a este proceso se puede decir que fabrican su propio fertilizante. Cuando prepare la tierra, añada un fertilizante básico (NPK 5:8:4) a razón de 125 g por metro cuadrado. Un exceso de fertilizante conduce al fracaso en la formación de las vainas.

RIEGO | No riegue las habas en exceso. En combinación con temperaturas elevadas, un suelo mojado propicia las enfermedades de las raíces. Las semillas sembradas en un suelo húmedo no precisan riego hasta que aparecen las plántulas tras unas dos semanas. Al madurar la planta, riegue únicamente cuando la tierra comience a secarse.

PROBLEMAS | Las plagas principales son los áfidos y los pequeños ácaros. Se recomienda controlarlas con insecticidas o bien con preparados orgánicos a base de ajo. Entre las enfermedades está la roya y el virus del marchitamiento del haba, que causa el ennegrecimiento de los brotes con el consiguiente marchitamiento y muerte de la planta. Las plantas enfermas se han de eliminar. El cultivo rotativo reduce la incidencia de las enfermedades.

RECOLECCIÓN

COSECHA | Las vainas jóvenes se pueden recolectar a principios de primavera en la mayoría de las regiones. Las vainas enteras se pueden cocinar de la misma forma que las judías trepadoras. Si, por el contrario, deja madurar las vainas en la planta y las recolecta cuando las semillas estén totalmente desarrolladas, deberá retirar las vainas y consumir únicamente las semillas.

Beta vulgaris

REMOLACHA

CARACTERÍSTICAS

Por lo general, la remolacha se cultiva como una hortaliza anual. La voluminosa raíz comestible puede ser redonda o alargada y es roja, amarilla o blanca. Las hojas brotan por encima del suelo en forma de roseta y cuando están tiernas se pueden comer en ensalada. Se pueden cultivar tanto en huertos como en recipientes. Su variante cilíndrica, con raíces largas y tubulares, no es apta para el cultivo en recipientes.

CONDICIONES

CLIMA	Se puede cultivar en la mayoría de climas, aunque las raíces tienden a tornarse leñosas en regiones muy cálidas. Por otra parte, si el clima es demasiado frío, las plantas jóvenes no producen raíces y se estropean. Preste atención a la hora de plantar si el clima presenta estos extremos de temperatura durante los períodos cruciales de crecimiento de la planta.
UBICACIÓN	Tolera tanto la exposición directa al sol como la sombra parcial.
SUELO	Prefiere suelos poco compactos, ya que permiten que las raíces se desarrollen libremente. La tierra debe contener elevadas concentraciones de materia orgánica, ser ricas en cal y presentar un adecuado drenaje. La presencia de malas hierbas resulta perjudicial; cuando las retire, tenga cuidado de no dañar las raíces en crecimiento.

CRECIMIENTO Y CUIDADOS

PROPAGACIÓN	En climas subtropicales puede sembrarla durante todo el año; en regiones templadas, siembre en primavera y otoño, y, en climas fríos, en primavera o a principios de otoño. La remolacha soporta las heladas y se desarrolla mejor en climas fríos.

Siembre las semillas directamente en la tierra; escalone la plantación a lo largo de un mes para una recolección constante durante el período de cosecha.

Cave surcos de 10 cm de profundidad, 8 cm de anchura y en hileras separadas entre sí 40 cm. Coloque una tira de fertilizante completo en el surco y cúbralo con 7 cm de tierra. Esparza las semillas por encima y termine de tapar el surco con tierra. Como alternativa, también puede mezclar un fertilizante completo en la tierra antes de sembrar. Retire algunas de las plántulas jóvenes, de manera que quede una separación, en un primer momento, de unos 3 cm y, más adelante, de unos 6 cm entre las que queden a medida que el bulbo vaya creciendo.

RIEGO	Riegue abundantemente las plantas jóvenes para obtener tubérculos más grandes y tiernos. Si la tierra se seca, la remolacha se torna dura y fibrosa.
ABONADO	Si la tierra es nueva, añada un fertilizante completo (NPK 6:6:6) a razón de 50 g por metro cuadrado. No añada estiércol o fertilizante en exceso si la tierra se ha fertilizado bien en cultivos anteriores, ya que provocaría la producción de remolachas prácticamente insípidas con un bajo contenido en azúcar.
PROBLEMAS	Casi nunca presenta problemas.

RECOLECCIÓN

COSECHA	La remolacha madura, aproximadamente, 3 o 4 meses después de sembrarla, dependiendo de la región y del clima. Recoléctelas cuando la raíz sea lo suficientemente grande y siempre antes de que la planta empiece a espigar.

Brassica oleracea var. italica

BRÓCOLI

CARACTERÍSTICAS

Se cultiva como planta anual y tiene el aspecto de una coliflor verde, aunque, en realidad, pertenece a la familia de la col. La pella es de color verde amoratado o blanco. La planta produce pequeñas flores amarillas. La parte comestible del brócoli es la cabeza, que se consume cuando los brotes son verdes y no presenta flores.

CONDICIONES

CLIMA Se puede cultivar en cualquier región, excepto en los climas más cálidos y en los más fríos, aunque necesita frío en invierno para poder madurar. Son preferibles temperaturas diurnas no superiores a 25 °C y temperaturas nocturnas no inferiores a 15 °C.

UBICACIÓN El brócoli se puede cultivar en recipientes ubicados en galerías e incluso en interiores, así como en suelos con un buen drenaje y que reciban la luz solar.

SUELO Prefiere suelos con un nivel de pH entre 6.5 y 7.5. Prepare la tierra; para ello, añada estiércol y fertilizantes. Si la tierra es arenosa, incorpore nitrógeno. Al principio, las hojas crecerán rápidamente, y, tras 3 o 4 meses, darán lugar al desarrollo de la cabeza comestible. Una vez recolectada la cabeza, comienzan a aparecer brotes secundarios.

CRECIMIENTO Y CUIDADOS

PROPAGACIÓN Siembre las semillas separadas entre sí 8 cm y a 1,5 cm de profundidad. En regiones cálidas, siembre desde finales de primavera a principios de verano; en zonas tropicales, hágalo en otoño o en invierno. Si escalona la siembra a intervalos de un mes, alargará el período de recolección. Deje crecer las plántulas en cajitas o en macetas pequeñas de unos 10 cm. Cuando las plantitas midan 10 cm de altura y tengan, como mínimo, cuatro hojas, trasplántelas al huerto, separadas entre sí 50 cm.

RIEGO La planta presenta un crecimiento rápido, por lo que debe mantener el suelo húmedo y regar con frecuencia si es necesario. A medida que las cabezas maduren, reduzca el riego. La falta de humedad acelera el granado sin que la cabeza llegue a formarse.

ABONADO Añada 1 kg de estiércol de ave y 100 g de fertilizante completo (NPK 6:6:6) por cada metro cuadrado de tierra. La fertilización suplementaria a base de sulfato de amoniaco durante el período de crecimiento favorece la vitalidad de las plantas.

PROBLEMAS Las principales plagas de insectos son las larvas de las orugas de la col y la nocturna de la col. Se pueden controlar fumigando la planta con bacillus thuringiensis (bioinsecticida) o bien con piretrina. El rizado de las hojas es un síntoma de que la planta carece de un oligoelemento (molibdeno). Para corregir esta deficiencia, riegue las plántulas (antes o después de trasplantarlas) con una solución compuesta por 5 g de sodio de molibdato y 5 litros de agua. En regiones húmedas y frías, deberá controlar también la presencia de mildiu tardío. Si aparece esta enfermedad, compruebe que la planta esté bien aireada y que recibe la máxima luz solar.

RECOLECCIÓN

COSECHA Cuando los cogollos sean grandes y duros y todavía no hayan florecido, corte la cabeza del brócoli junto con unos 15 cm de troncho.

Brassica oleracea var. gemmifera

COL DE BRUSELAS

CARACTERÍSTICAS

La col de Bruselas pertenece a la familia de la col y tiene las mismas necesidades que ella. Las pequeñas cabezas miden, aproximadamente, 5 cm de diámetro, se parecen a las de las coles y brotan de un largo troncho principal rodeado de grandes hojas verdes.

CONDICIONES

CLIMA — Crece mejor en climas fríos. Esta col resistente tolera bien las heladas, aunque soporta largos períodos de frío o de calor. No es apta para el cultivo en climas subtropicales. Las temperaturas idóneas se sitúan en 25 °C durante el día y 10 °C durante la noche.

UBICACIÓN — El suelo debe estar expuesto al sol y disfrutar de un drenaje óptimo. Las coles de Bruselas no crecen en suelos anegados. Se pueden cultivar en prácticamente cualquier tipo de suelo, excepto en los arenosos, que producen coles de hojas muy poco compactas.

SUELO — Proteja las plantas frente al viento: forme montones de tierra alrededor de las plantas. Si corta el brote terminal, fomentará la maduración de las coles al mismo tiempo. Si desea que maduren al unísono, corte el brote terminal cuando la planta mida 40 cm.

CRECIMIENTO Y CUIDADOS

PROPAGACIÓN — Siembre las semillas, bien espaciadas, en una caja. Trasplante las plántulas cuando alcancen unos 10 cm de altura; hágalo desde el verano hasta el otoño en climas fríos y durante el verano y principios de otoño en regiones cálidas. Las plantitas crecen bien en suelos con un nivel de pH entre 6.5 y 7.5.

RIEGO — Riegue las plantas con frecuencia, ya que necesitan mucha agua y aire fresco y húmedo para fomentar el crecimiento. Reduzca el riego una o dos semanas antes de la recolección.

ABONADO — Prepare la tierra algunas semanas antes de trasplantar; añada 1 kg de estiércol de ave junto con 50 g de fertilizante completo (NPK 5:6:6) por metro cuadrado. Puede añadir nitrógeno durante el período de recolección en forma de sulfato de amoniaco, a razón de 10 g por planta. Si las lluvias intensas filtran la tierra, añada 5 g de nitrato de potasa a cada planta.

PROBLEMAS — Se trata de una hortaliza muy propensa a sufrir plagas y enfermedades. La oruga de la col causa daños en la planta a principios de temporada y los áfidos, las babosas y los caracoles actúan a finales de temporada dañando las coles. Controle estas plagas fumigando con pesticidas comerciales y/o orgánicos. El mildiu tardío y la potra de la col (agudizados en suelos ácidos y húmedos) son enfermedades que precisan la aplicación continuada de fungicidas. Las áreas amarillentas alrededor de las hojas son un síntoma de falta de magnesio. Riegue la tierra alrededor de la planta con una solución a base de 30 g de sulfato de magnesio (sales Epsom) y 5 litros de agua.

RECOLECCIÓN

COSECHA — La época de recolección tiene lugar desde la primavera hasta finales de verano, siempre y cuando las temperaturas no sean muy elevadas; en ese caso, la cosecha será más corta. Las coles maduras se recolectan con frecuencia, especialmente en regiones templadas y siempre antes de que se abran. Empiezan a abrirse desde la base del tallo, donde se desarrollan las primeras coles.

Brassica oleracea var. capitata

COL

CARACTERÍSTICAS

Se trata de una hortaliza muy resistente que se cultiva como planta anual durante todo el año. La parte comestible es un cogollo terminal grande formado por hojas superpuestas y muy compactas que forman un cogollo redondo o, en ocasiones, puntiagudo. Las hojas pueden ser verdes o moradas, dependiendo de la variedad, y su textura es lisa o rugosa.

CONDICIONES

CLIMA Se adapta a una amplia variedad de climas, pero se trata, fundamentalmente, de un cultivo de climas fríos. Tolera bien las heladas, pero no soporta las temperaturas extremadamente elevadas.

UBICACIÓN Prefiere los suelos soleados y bien drenados que se hayan fertilizado con abono mineral y estiércol descompuesto de origen animal o de ave.

SUELO La col debe cultivarse con rapidez y debe regarse abundantemente. Un exceso de riego conduce a la lixiviación excesiva, dependiendo del tipo de tierra; por ello, acolche bien la tierra de siembra. Puede ser necesario añadir fertilizante nitrogenado cada 15 días.

CRECIMIENTO Y CUIDADOS

PROPAGACIÓN En regiones frías, siembre durante el verano y la primavera; en el resto de climas, puede sembrar durante todo el año. Primero siembre las semillas a 1 cm de profundidad y separadas entre sí 8 cm. Después de 5 o 6 semanas, cuando las plántulas hayan producido 4 o 5 hojas, trasplántelas al huerto. Introduzca las plántulas en la tierra hasta donde nacen las primeras hojas, separadas entre sí 60 cm y en hileras a unos 80 cm (dependiendo de la variedad). La variedad sugar loaf, por ejemplo, sólo necesita 30 o 40 cm de separación entre las plantas. Aclimate las plántulas antes de trasplantarlas; para ello, no las riegue durante un par de días.

RIEGO La col necesita un riego abundante; por ello, deberá mantener húmeda la superficie de la tierra.

ABONADO La col se desarrolla mejor en suelos ligeramente ácidos. Añada 200 g de dolomita junto con 100 g de fertilizante completo (NPK 5:6:4) por metro cuadrado de tierra varias semanas antes de sembrar. Esparza pequeñas cantidades del mismo fertilizante sobre la tierra un mes después de la siembra y riegue inmediatamente. Cuando la planta empiece a formar cogollos compactos, añada un poco de abono de urea, unos 10 g por metro cuadrado, especialmente si el suelo es arenoso.

PROBLEMAS La col es atacada por varios tipos de orugas; se comen las hojas dejando agujeros, e incluso pueden llegar a destruir la col. Entre estas orugas se encuentran la oruga de la col y la nocturna de la col, el gusano del brote de la col y la oruga de la espiga de maíz. Se recomienda fumigar con un insecticida apropiado a principios de temporada cada dos semanas y comenzar cuando todavía son plántulas. El mildiu tardío y la escasez de magnesio son las enfermedades más comunes.

RECOLECCIÓN

COSECHA Las coles necesitan alrededor de 14-16 semanas para madurar. En climas fríos, recolecte las coles de verano a otoño; en climas templados, coséchelas entre finales de primavera y principios de verano. El otoño y el invierno son las mejores épocas para la recolección en las regiones subtropicales.

Daucus carota

ZANAHORIA

CARACTERÍSTICAS

Se trata de una planta resistente que se cultiva como planta anual. Tanto las variedades redondeadas como las cortas se pueden cultivar en recipientes, aunque la alargada, que puede alcanzar hasta 20 cm, necesita un suelo friable. Las zanahorias mini no superan los 10 cm de longitud y los 2 cm de diámetro.

CONDICIONES

CLIMA	Tolera el frío y prefiere los climas frescos, aunque la zanahoria puede cultivarse en la mayoría de los climas.
UBICACIÓN	Prefiere hallarse expuesta al sol, aunque tolera la sombra parcial. Pero, sobre todo, siente predilección por los lugares frescos.
SUELO	Los suelos que ya se han utilizado anteriormente, cuya tierra es friable y la materia orgánica se ha descompuesto, son los que ofrecen mejores resultados. Si el suelo es ácido, añada cal, ya que intensificará el color de las zanahorias. Mantenga el suelo libre de malas hierbas. Evite plantarlas a mucha profundidad para proteger las raíces en crecimiento y controlar la humedad del suelo.

CRECIMIENTO Y CUIDADOS

PROPAGACIÓN	En las regiones subtropicales es posible cultivar zanahorias durante casi todo el año, aunque se debe evitar sembrarlas durante el verano. Siémbrelas desde mediados de primavera hasta finales de verano en climas templados; si el clima es frío, hágalo desde principios de primavera hasta finales de verano. Las semillas necesitan hasta tres semanas para germinar. Primero, realice surcos o hileras a unos 25 cm entre sí y siembre después las semillas a 6 mm de profundidad. Cubra la tierra con una mezcla germinadora de semillas y riegue ligeramente. Cuando las plántulas midan alrededor de 5 cm de altura, retire algunas, de manera que quede una separación de unos 2 cm entre ellas. Cuando las plántulas restantes alcancen los 15 cm, vuelva a retirar unas cuantas, de forma que haya 5 cm de distancia entre ellas.
RIEGO	Durante las primeras ocho semanas de crecimiento de la plántula precisa un escaso riego, lo que refuerza el crecimiento de las raíces. Riegue abundantemente a medida que vayan madurando las zanahorias sólo si el suelo se seca.
ABONADO	Evite fertilizar el suelo en exceso. Son preferibles los suelos que se hayan abonado abundantemente la temporada anterior. Tenga en cuenta este factor para cultivos rotativos. Si es necesario, añada un fertilizante completo (NPK 6:6:6) una semana antes de sembrar a razón de 120 g por metro cuadrado. Un exceso de nitrógeno conduce al crecimiento excesivo de las hojas.
PROBLEMAS	Debe controlar los áfidos de la zanahoria con un pesticida registrado. Los nemátodos de las raíces provocan el rizado de las hojas, que se tornan de un color rojo oscuro o amarillo si no se tratan adecuadamente. Las plantas enfermas deben retirarse y quemarse inmediatamente, con la consiguiente fumigación del huerto.

RECOLECCIÓN

COSECHA	Puede recolectarlas en cualquier momento, dependiendo del tamaño deseado. La madurez total de la zanahoria se alcanza en unos 4 meses. Use una horquilla para cosecharlas.

Brassica oleracea var. botrytis

COLIFLOR

CARACTERÍSTICAS

Se cultiva como planta anual. Dispone de un único tallo sobre el cual se desarrolla un cogollo muy compacto formado por una serie de brotes de flores comestibles. Las coliflores pueden ser blancas, verdes o moradas, dependiendo de la variedad que se cultive. Existen variedades de maduración temprana y de maduración tardía. La coliflor no es apta para el cultivo en recipientes. Las coliflores mini se pueden encontrar en el mercado desde hace poco tiempo y sólo requieren la mitad del tiempo de maduración que las coliflores grandes.

CONDICIONES

CLIMA	Se pueden cultivar en la mayoría de climas, pero, como gran parte de los miembros de su especie, prefieren los climas frescos; necesitan temperaturas bajas para formar los brotes.
UBICACIÓN	Protéjalas de la exposición directa al sol y de las heladas. De lo contrario, los cogollos se decolorarán.
SUELO	La coliflor tiene un gran sistema radicular, por lo que no es apta para el cultivo en recipientes. Las coliflores absorben muchos nutrientes, motivo por el cual la tierra debe estar bien fertilizada con estiércol y otros tipos de materia orgánica. Deben regarse con frecuencia. El color de las coliflores blancas se conserva mediante el blanqueamiento o la protección frente a los rayos solares. Mientras el cogollo todavía es pequeño, se encuentra envuelto en grandes hojas. Estas hojas se van renovando a medida que el cogollo va creciendo.

CRECIMIENTO Y CUIDADOS

PROPAGACIÓN	Siembre de primavera a verano, independientemente del clima, para que las plantas se hayan desarrollado antes de que llegue el invierno. Siembre las semillas a 1 cm de profundidad en el exterior, formando hileras separadas entre sí 5 cm. Use variedades de col con diferentes períodos de maduración, de modo que pueda prolongar el período de recolección. Las semillas tardan unas 6 semanas en germinar, y están listas para ser trasplantadas cuando miden unos 10-12 centímetros de altura. Plántelas dejando 60 cm de separación entre ellas. Trasplante sólo cuando haga frío.
RIEGO	Mantenga la humedad en el suelo y el aire en el caso de las plantas en proceso de maduración para favorecer el crecimiento del cogollo. Evite regar directamente sobre el cogollo para no dañarlo. Por el mismo motivo, proteja los cogollos de las intensas lluvias.
ABONADO	La coliflor no se desarrolla bien en suelos ácidos, por lo que deberá añadir 200 g de dolomita y 100 g de fertilizante NPK 5:6:4 por metro cuadrado de tierra de 3 a 4 semanas antes de plantarlas. La cal también contribuye a la absorción del molibdeno (oligoelemento) por parte de la planta. Cuatro semanas después de trasplantar las plántulas, se pueden suministrar dosis adicionales del mismo fertilizante. Las coliflores absorben más cantidad de estiércol y fertilizante que los otros miembros de su especie. La adición de urea cuando los cogollos empiezan a formarse acelera su crecimiento.
PROBLEMAS	Las orugas de la col blanca y los áfidos son el principal problema en los climas templados. Trátelos con un pesticida comercial u orgánico. El amarilleo y el blanqueo de las hojas se deben a la falta de oligoelementos como el magnesio y el molibdeno. Riegue las plántulas con una solución de 20 g de molibdato de sodio disuelto en 5 l de agua.

Capsicum annuum

PIMIENTOS Y GUINDILLAS

CARACTERÍSTICAS

Los pimientos y las guindillas son plantas perennes, aunque normalmente se cultivan como plantas anuales. La planta del pimiento crece en forma de arbusto erguido y compacto y tiene un sistema radicular razonablemente profundo. Las guindillas, una variante pequeña y generalmente vistosa del pimiento, producen frutos verdes o morados que, al madurar, se tornan de color rojo claro, amarillo o naranja. Los pimientos pueden ser redondeados o alargados, planos, torcidos y de color verde, rojo, amarillo blanquecino o morados marronáceos. Los pimientos y las guindillas se desarrollan bien en huertos exteriores y son especialmente decorativos e idóneos para ser cultivados en recipientes.

CONDICIONES

CLIMA — Los pimientos picantes prefieren los climas cálidos frente a los templados. No obstante, los pimientos se cultivan como plantas de estación cálida. En climas tropicales y subtropicales, se cultivan durante todo el año. En regiones templadas, la temporada es más breve, ya que fructifican sólo en los meses de verano. En invierno suelen padecer acronecrosis, aunque vuelven a brotar en primavera, evidencia del carácter perenne de esta planta.

UBICACIÓN — Necesitan abundante calor y luz solar (temperatura media del suelo entre 15 y 30 °C), por lo que no son aptos para el cultivo en regiones con tendencia a sufrir heladas. Son idóneos para cultivar en recipientes en interiores con luz solar. También son muy decorativos en galerías y patios. Las guindillas necesitan protección contra los intensos vientos.

SUELO — Como medida de precaución, antes de plantar los pimientos prepare la tierra añadiéndole materia orgánica y fertilizante. Sin embargo, los pimientos crecen en la mayoría de suelos. Una vez que empiecen a florecer, añada capas adicionales de fertilizante a la tierra, lo que fomentará el desarrollo de los frutos. Las plantas maduras suelen necesitar estructuras de apoyo si se cultivan en regiones afectadas por el viento. Cuando plante guindillas, prepare la tierra con mucha materia orgánica nitrogenada, lo que reducirá la necesidad de aplicar demasiados productos químicos. Los productos químicos fomentan el crecimiento de la planta, pero reducen la producción de frutos. Los frutos empiezan a desarrollarse tras la polinización de las flores por parte de los insectos. Los cultivos deben ser rotativos y debe evitar plantarlos donde previamente se plantaron hortalizas de la misma familia, como las berenjenas o los tomates.

CRECIMIENTO Y CUIDADOS

PROPAGACIÓN — En climas templados, siembre desde primavera hasta principios de verano; en climas tropicales y subtropicales, puede hacerlo durante todo el año, aunque preferentemente en otoño. Siembre las semillas 8 o 10 semanas antes de trasplantar. Las plántulas se desarrollan mejor en espacios abiertos, especialmente en climas fríos, ya que su período de crecimiento es breve. En climas cálidos puede sembrar las semillas directamente en la tierra. Plante escalonadamente cada dos meses para conseguir una cosecha continuada. Las plantitas deben medir unos 15 cm en el momento del trasplante. Plántelas separadas entre sí 50 cm en hileras con una separación de 60 cm.

ABONADO — Añada una capa de fertilizante NPK 5:6:4 a la tierra una semana antes de sembrar. Puede aplicar el fertilizante en el fondo de surcos de 15 cm de profundidad

y 10 cm de anchura. Después, rellene el surco con tierra hasta el nivel del suelo. Tras la floración, y cuando el fruto ya se haya formado, añada urea una vez al mes a razón de 20 g por metro de hilera. Añádala alrededor de la planta (a 15 cm) y riéguela inmediatamente. No fertilice las plantas en exceso, ya que un alto contenido en nitrógeno fomenta el crecimiento de la planta, pero reduce la cantidad de fruto.

RIEGO Riegue las plantas de forma que el suelo esté constantemente húmedo para evitar la caída de las flores. Sin embargo, un exceso de agua puede conducir a la inundación y al enfriamiento del suelo. Si cultiva los pimientos en recipientes, controle la humedad.

PROBLEMAS Las plagas principales son los áfidos y la mosca de la fruta. Para eliminar los áfidos, lave la planta con agua abundante o bien fumíguela con insecticidas químicos. Los insecticidas también controlan la mosca de la fruta y el gusano cortador. Controle también la presencia de oídio en climas cálidos y húmedos. Alterne los cultivos anualmente. No siembre pimientos en el mismo lugar donde se hayan cultivado hortalizas de la misma familia, como berenjenas y tomates.

RECOLECCIÓN

COSECHA Los pimientos y las guindillas tardan 3 o 4 meses en madurar. Si los deja madurar en la planta hasta que se tornen rojos y su pulpa sea todavía consistente al tacto, los pimientos serán más dulces. Para cosecharlos, córtelos dejando una pequeña parte del pecíolo adherido al fruto.

Brassica rapa var. pekinensis

COL CHINA

CARACTERÍSTICAS

La col china presenta unas hojas anchas, gruesas y crujientes con una prominente y extensa nervadura central. El cogollo puede tener las hojas compactas o sueltas, dependiendo de la variedad. El color de las hojas oscila del verde claro al verde oscuro; las hojas interiores presentan un color blanco crema. La planta puede alcanzar entre 30 y 45 cm. No es apta para el cultivo en recipientes.

CONDICIONES

CLIMA   Se desarrolla mejor con temperaturas frescas, entre 13 y 20 °C. También se han desarrollado variantes tropicales.

UBICACIÓN   Prefieren un espacio abierto y soleado, aunque toleran una ligera sombra. Protéjalas de los vientos fríos y las heladas.

SUELO   Los suelos bien drenados y con elevadas concentraciones de materia orgánica retienen la humedad y evitan la compactación del suelo. Evite sembrar en tierras ligeras y pesadas. Si es necesario, añada cal para que el nivel de pH se sitúe entre 6.5 y 7. El riego y la fertilización regulares aceleran el crecimiento. Acolche bien la tierra para conservar la humedad del suelo y prevenir la podredumbre bacteriana.

CRECIMIENTO Y CUIDADOS

PROPAGACIÓN   En climas tropicales y subtropicales, puede sembrarlas todo el año; en climas templados, siembre de invierno a primavera, y en climas fríos de primavera a verano. Independientemente del clima, en regiones propensas a las heladas, plante las coles procurando evitar que lleguen a su madurez coincidiendo con los períodos de heladas. Siembre las semillas a 5 mm de profundidad y en montoncitos a lo largo de la hilera, de modo que cuando retire parte de las plántulas quede una distancia entre 30 y 40 cm entre ellas. Para favorecer el riego, deje una distancia de 35-40 cm entre las hileras. Es recomendable sembrar directamente en la tierra, dado que los trasplantes no siempre son fructíferos.

RIEGO   Estas hortalizas tienen las raíces débiles, por lo que necesitan un riego abundante para fomentar el crecimiento rápido. Riéguelas entre las hileras para evitar el contacto del agua con las hojas y reducir el riesgo de enfermedades fúngicas.

ABONADO   Añada un fertilizante completo NPK 5:6:4 a razón de 100 g por metro cuadrado una semana antes de plantar. Un mes después de sembrar, distribuya pequeñas cantidades del mismo fertilizante alrededor de la planta y riegue inmediatamente. Cuando las coles empiecen a formar el cogollo, añada una capa fina de urea a razón de 10 g por metro cuadrado.

PROBLEMAS   Este tipo de col es propensa a padecer enfermedades que afectan al suelo. Proteja el cultivo añadiendo cal y alternándolo varias veces durante unos cuantos años con otros cultivos no emparentados. Fumigue las coles para protegerlas de orugas y áfidos.

RECOLECCIÓN

COSECHA   Se trata de una hortaliza de crecimiento rápido que madura en 2 o 3 meses. Es recomendable cosecharlas cuando el clima sea seco. El momento de la recolección es esencial, ya que la aparición de los pedúnculos con las semillas hará que el cogollo se abra. Para evitarlo, córtelos cuando se tornen rígidos. Cuando estén listas para ser recolectadas, córtelas a ras del suelo.

Cucumis sativus

PEPINO

CARACTERÍSTICAS

La planta se puede adquirir en las variantes rastrera y trepadora. La primera es apta para el cultivo en recipientes. Existen diferentes tipos de pepinos, entre los que se encuentran el pepino verde, en sus variantes largo y corto, y el pepino amarillo, más redondeado y blanquecino.

CONDICIONES

CLIMA — Se desarrolla mejor en climas cálidos. Crece en la mayoría de las regiones; si el clima es frío, se reduce el período de crecimiento.

UBICACIÓN — Prefiere tierras templadas con temperaturas superiores a 15 ºC. Para ahorrar espacio, se pueden cultivar plantas trepadoras, acompañadas de estructuras de apoyo. De esta forma obtendrá frutos más limpios y mejor formados que los que se desarrollan en el suelo.

SUELO — Debe preparar previamente la tierra añadiéndole abono químico y estiércol. En suelos ácidos o en regiones con intensas lluvias, añada cal para prevenir las carencias de molibdeno. Esta carencia da lugar a hojas moteadas o amarillentas y rizadas hacia arriba. Para paliar esta deficiencia, fumigue las plantas con una solución de molibdato de sodio, diluyendo 5 g en 5 l de agua. Acolche bien el suelo para evitar que se compacte y para prepararlo para el ciclo de riego intenso que se precisa para un crecimiento óptimo de la planta.

CRECIMIENTO Y CUIDADOS

PROPAGACIÓN — Siembre o a finales de primavera o en verano en los climas fríos; en climas templados, en primavera y en verano, y, climas tropicales y subtropicales, desde mediados de invierno a mediados de otoño. Coloque las semillas directamente en la tierra a una profundidad de 1,5 cm, ya que el pepino no soporta muy bien el trasplante. Siembre las semillas dejando 50 cm de separación entre ellas y en hileras a una distancia de 1 m. Puede sembrar varias semillas en agujeros poco profundos separados entre sí 50 cm. Cuando las semillas germinen deberá aclarar las plántulas y dejar las dos o tres que crezcan más sanas.

RIEGO — Los pepinos tienen un elevado contenido en agua, por lo que la planta necesita ser regada con regularidad durante el período de crecimiento. Durante los momentos más cálidos del día es posible que se caigan algunas hojas, aunque no constituye necesariamente un síntoma de falta de agua, sino una reacción temporal a condiciones extremas. No obstante, es imprescindible controlar constantemente los niveles de humedad del suelo para asegurarse de que el suministro de agua sea suficiente; de lo contrario, la planta no crecerá con fuerza.

ABONADO — Prepare la tierra con una semana de antelación, añadiéndole 100 g de fertilizante completo NPK 5:6:4 por metro cuadrado. Asegúrese de que está bien mezclado con la tierra. Una buena preparación del suelo da lugar a un crecimiento óptimo en la primera fase de desarrollo de la planta. Añada urea alrededor de la planta cuando empiece a mostrar síntomas de crecimiento vigoroso, a razón de 15 g por planta. Riegue inmediatamente. Repita este proceso a intervalos regulares de un mes cuando la planta empiece a fructificar. De esta forma asegurará el crecimiento.

PROBLEMAS   Las plagas de escarabajos manchados del pepino atacan las hojas y las flores. Fumigue las plantas con insecticidas adecuados. También debe fumigar contra los áfidos y la araña roja si los depredadores naturales no controlan las plagas. El mildiu polvoriento es una enfermedad común que decolora las hojas. Fumigue el haz y el envés de las hojas con un fungicida que contenga mancozeb y benomil con el fin de controlar el mildiu polvoriento y el enanizante.

RECOLECCIÓN

COSECHA   Cuando las pequeñas púas de los pepinos se desprenden con facilidad significa que están maduros y listos para recolectarse. Es preferible no dejar que los pepinos maduren demasiado.

Solanum melongena

BERENJENA

CARACTERÍSTICAS

Las berenjenas se forman en pequeños arbustos de hasta 1,5 m de altura y de hojas grandes, gruesas y velludas de color verde grisáceo. Las flores, en forma de estrella, con la parte central de color amarillo, producen unas 8 berenjenas por planta. El fruto oscila en forma y en tamaño, desde las variantes delgadas y alargadas hasta las ovaladas. El color puede ser morado oscuro negruzco o bien blanco crema. Las berenjenas se pueden cultivar satisfactoriamente en recipientes.

CONDICIONES

CLIMA Sin duda, se trata de una planta de climas templados. Necesita temperaturas alrededor de los 25 °C, e incluso superiores, durante el período de crecimiento. Es extremadamente sensible a las heladas. Los períodos de frío prolongado retrasan el crecimiento de la planta.

UBICACIÓN Necesita suelos bien abonados, estar expuesta al sol y protegida del viento.

SUELO La planta tarda unos 3 o 4 meses en dar fruto. El suelo debe estar bien drenado y ser rico en materia orgánica. Acolche bien el suelo y cúbralo con plástico de polietileno en regiones propensas a sufrir heladas. Mantenga las plantas libres de malas hierbas.

CRECIMIENTO Y CUIDADOS

PROPAGACIÓN Plante de primavera a otoño en climas tropicales; de primavera a principios de verano en climas templados, y a finales de primavera en climas fríos. Las berenjenas necesitan suelos cálidos y temperaturas superiores a los 20 °C para germinar. Para asegurar un buen volumen de cultivo, especialmente en las regiones frías, siembre primero las semillas en pequeñas macetas o en semilleros, como mínimo 8 semanas antes de trasplantarlas al huerto, cuando el tiempo sea cálido. Si el suelo está frío se retrasará el crecimiento de la planta. Por esta razón, y a causa del peligro de sufrir enfermedades relacionadas con el suelo, las berenjenas se cultivan a menudo en recipientes, donde las condiciones son mucho más controlables. Trasplante sólo las plántulas más robustas.

ABONADO Mezcle 150 g de fertilizante completo NPK 5:6:4 por metro cuadrado en la superficie del suelo unos días antes de plantar las berenjenas. También se recomienda realizar surcos de unos 15 cm de profundidad y 10 cm de anchura y añadir luego el fertilizante. Cubra los surcos con tierra antes de plantar. Cuando se formen los primeros frutos, añada urea a los lados del surco a razón de 20 g por metro cuadrado.

RIEGO No riegue las plantas en exceso, ya que las raíces tienden a pudrirse. Acolche el suelo para mantener constantes la temperatura y los niveles de humedad.

PROBLEMAS Los áfidos, las orugas y las arañas son las plagas más comunes. Fumigue las plantas con pesticidas adecuados. La rotación de los cultivos reduce el marchitamiento producido por las enfermedades relacionadas con el suelo. No obstante, no siembre pimientos o tomates después de haber plantado berenjenas. Los fungicidas previenen las manchas en las hojas, así como que los frutos se pudran.

RECOLECCIÓN

COSECHA Recolecte las berenjenas cuando hayan adquirido colorido, 3 o 4 meses después de la plantación y antes de que las semillas se tornen duras. La piel debe estar tersa. Los frutos demasiado maduros son ásperos y amargos.

Cichorium endivia
ESCAROLA

CARACTERÍSTICAS

Es un vegetal parecido a la lechuga, aunque sus hojas son más duras, más sustanciosas y ligeramente amargas. La escarola rizada verde tiene un cogollo ligeramente compacto, los bordes de las hojas son dentados u ondulados y, su nervadura central, de color blanco. Las hojas de la variante de Batavia son amplias, gruesas, lisas y de un color verde claro.

CONDICIONES

CLIMA Crece mejor si se cultiva en climas fríos. La variante rizada es más tolerante al frío que la de Batavia.

UBICACIÓN Prefiere la exposición directa o parcial al sol. En climas cálidos, cubra las plántulas recién trasplantadas, si es necesario.

SUELO Asegúrese de que la tierra está bien drenada y se ha labrado y abonado. El sistema radicular de la escarola es poco profundo, por lo que necesita absorber los nutrientes cerca de la superficie. Mezcle estiércol en los 20 primeros centímetros de tierra. Prefiere suelos de neutros a ligeramente ácidos con un nivel de pH entre 5 y 6. Acolche alrededor de la planta con paja, hojarasca o hierba segada para mantener la temperatura y el nivel de humedad del suelo. A veces, la escarola vuelve a crecer después de ser cosechada, aunque normalmente son de muy baja calidad. Es preferible cultivarla como planta anual y sembrarla de nuevo cada año.

CRECIMIENTO Y CUIDADOS

PROPAGACIÓN Siembre las semillas a finales de verano o a principios de otoño para poder recolectar las escarolas en invierno. En climas cálidos, siembre de otoño a primavera. Si va a trasplantar plántulas, hágalo antes de que llegue el calor.

Los veranos muy calurosos estropean las plantas. Si siembra muchas semillas en un recipiente y cosecha las escarolas cuando todavía son jóvenes, serán menos amargas; sin embargo, si las deja crecer muy densas, las plantas crecerán demasiado y serán más susceptibles a padecer enfermedades. Debe sembrar las semillas a 5 mm de profundidad en hileras separadas entre sí 50 cm; el suelo, asimismo, debe ser rico en humus y haberse regado con antelación. Las semillas tardan de 10 a 14 días en germinar. A las 4 semanas, retire algunas de las plántulas, de forma que quede una distancia de 30 cm entre ellas.

ABONADO Prepare el suelo dos semanas antes de plantar añadiéndole 2 kg de gallinaza y 100 g de fertilizante completo NPK 5:6:6 por metro cuadrado de tierra.

RIEGO Riéguelas con frecuencia para fomentar su crecimiento y evitar que resulten amargas. No se recomienda el uso de aspersores, ya que el exceso de agua se deposita dentro de la planta, que acaba por pudrirse.

PROBLEMAS No presenta enfermedades importantes, aunque las plagas del gusano cortador, de caracoles y de áfidos pueden resultar un problema. Puede eliminar los áfidos pulverizando las plantas con abundante agua. Si ata las escarolas, ahuyentará los gusanos cortadores.

RECOLECCIÓN

COSECHA La escarola alcanza su madurez en 2 o 3 meses, excepto que la recolecte cuando todavía sea tierna. Córtelas a ras del suelo. Para reducir el amargor de las hojas, cúbralas con paja varias semanas antes de la cosecha. Si las priva de luz solar, reducirá la producción de clorofila de las hojas.

Foeniculum vulgare

HINOJO

CARACTERÍSTICAS

Existen muchas variedades de esta resistente planta perenne que puede alcanzar 1,5 m. Es una planta muy estética de atractivas hojas en forma de pluma. *Foeniculum vulgare* var. *dulce,* o hinojo dulce, tiene un tallo grande similar al del apio. *Foeniculum vulgare* var. *azoricum* se conoce como hinojo de Florencia, tiene unas hojas grandes y abultadas y se usa mucho en el ámbito culinario. Una tercera variedad, *Foeniculum vulgare* «Purpureum» o hinojo bronce, es muy apreciada por sus hojas, de un color marrón rojizo. La variedad últimamente clasificada como un tipo de seto, que se utiliza para construir vallas en los bordes de las carreteras, es *Foeniculum vulgare,* subespecie *vulgaris,* también conocida como hinojo salvaje. Las hojas con forma de pluma, verdes o de color bronce, forman peciolos que brotan de forma alternada de los tallos vacíos. Las pequeñas flores amarillas agrupadas en umbelas aparecen en verano y producen racimos de semillas ovaladas de color marrón que miden alrededor de 0,5 cm.

CONDICIONES

CLIMA	Se desarrollan mejor en climas cálidos y secos, aunque crecen prácticamente en cualquier clima.
UBICACIÓN	Prefiere la exposición al sol. Plántelo en el fondo del huerto, donde resultará un buen telón de fondo para otras plantas. Debe atar las hojas y proporcionarles apoyo contra el viento.
SUELO	Crecen en la mayoría de suelos (prefieren pH entre 6.0 y 7.0), pero es recomendable añadir fertilizantes y estiércol animal descompuesto a la tierra y procurar que esté bien drenada. Si el suelo es demasiado ácido, será preciso añadir 100 g de cal o de dolomita por metro cuadrado. En regiones frías, cuando se aproxime el invierno, recorte las plantas a un palmo del suelo. La base de las hojas

del hinojo de Florencia se blanquean formando montículos de tierra alrededor de la base de la planta para impedir el paso de la luz solar.

CRECIMIENTO Y CUIDADOS

PROPAGACIÓN	Siembre las semillas en surcos de unos 5 cm de profundidad. En climas tropicales y cálidos, siembre en otoño, y, en climas más fríos, en primavera. Deje una separación de 50 cm entre los surcos. Cuando aparezcan las plántulas, retire unas cuantas, de forma que quede una distancia entre ellas de unos 45 cm. Elija una ubicación permanente en el huerto, ya que el hinojo se propaga solo. Las plantas maduras deben recolectarse durante la primavera. Tome unos trozos de las raíces y trasplántelos.
RIEGO	No riegue en exceso.
PROBLEMAS	No presenta plagas ni enfermedades específicas.

RECOLECCIÓN

COSECHA	Las plantas tardan varios meses en madurar. Corte hojas frescas a medida que las vaya necesitando. Recolecte las semillas cuando todavía estén ligeramente verdes, antes de que se tornen marrones. Déjelas secar en un lugar fresco y sombreado.

Allium sativum

AJO

CARACTERÍSTICAS

Se trata de una planta tuberosa perenne, aunque suele cultivarse como planta anual. El ajo posee hojas verdes, planas, curvadas y en forma de lanza y llega a medir de 60 a 90 cm. Los dientes, cubiertos por una fina piel, se concentran en una cabeza adherida a un tallo central. Tiene un sabor y un olor muy intensos. En verano, la planta presenta un tallo central redondeado con una gran flor con varios pétalos de color blanco rosado. Las cabezas de ajo elefante o ajo ruso (*Allium giganteum*) producen menor cantidad de dientes, pero de mayor tamaño. Tienen un sabor más suave que el del ajo común, su flor es de color malva y llega a alcanzar hasta 1,5 m.

CONDICIONES

CLIMA
Como ocurre con las cebollas, el ajo se puede cultivar en la mayoría de climas, desde climas costeros protegidos hasta islas. Resiste las heladas en todos sus estadios de crecimiento.

UBICACIÓN
Prefiere una exposición total al sol, así como espacios abiertos.

SUELO
El suelo debería ser de limo, arenoso y bien drenado, rico en humus y no excesivamente ácido (pH alrededor de 6.0). Si el suelo es muy ácido, añada 100 o 200 g de tierra caliza o dolomita por metro cuadrado. Mantenga el suelo libre de malas hierbas. Si no los recolecta, los ajos mueren en otoño, después de la floración.

CRECIMIENTO Y CUIDADOS

PROPAGACIÓN
Separe los dientes de ajo de la cabeza a principios de primavera. En climas cálidos, plante los dientes de primavera a verano; en climas tropicales, de invierno a primavera, y, en climas muy fríos, en primavera. Siémbrelos directamente en la tierra, a 3 cm de profundidad, separados entre sí 15 cm y en hileras a una distancia de 30 cm.

ABONADO
Prepare el suelo añadiéndole 150 g de fertilizante completo NPK 5:6:6 por metro cuadrado. No añada nitrógeno en forma de estiércol animal o fertilizante a base de sangre y hueso, excepto que la materia orgánica esté completamente descompuesta. Si va a utilizar materia orgánica, añádala varios meses antes de sembrar.

RIEGO
Mantenga el suelo húmedo, aunque no mojado. Dosifique el riego mientras los bulbos estén madurando. Un exceso de humedad trae como consecuencia una mala conservación de los ajos una vez cosechados.

PROBLEMAS
Los ajos no presentan problemas específicos, ya que los intensos aceites y los elementos químicos presentes en su follaje ahuyentan a los insectos, al tiempo que tienen propiedades antisépticas que previenen enfermedades bacterianas y fúngicas. Mantenga una separación prudente entre las plantas para reducir la humedad, ya que puede afectar a la planta. El ajo es idóneo para ser cultivado junto con árboles frutales, tomates y rosas. Las elevadas secreciones de azufre del ajo intensifican el perfume de las flores. La fumigación con ajo evita las plagas como los áfidos, la oruga de la col, las orugas, las arañas y las hormigas.

RECOLECCIÓN

COSECHA
El mejor período para recolectar los ajos es en verano, cuando la flor muere y las hojas empiezan a amarillear. Como alternativa, puede cosecharlos cuando estén en plena floración. Para ello, doble los tallos por la mitad y déjelos así 8 o 10 días. Transcurrido este tiempo, desentierre los ajos con una horquilla procurando no dañar el fruto.

Brassica oleracea grupo Gongylodes

COLIRRÁBANO

CARACTERÍSTICAS

El nombre de esta planta proviene de la fusión de los términos «col» y «rábano». Estas dos palabras describen el colirrábano a la perfección. Se trata de un tubérculo similar a la col que produce un tallo abultado, blanco, morado o verde, similar al del nabo. Alrededor del tallo se forman hojas verdes comestibles. El sabor del colirrábano constituye una combinación entre la col y el rábano.

CONDICIONES

CLIMA | Se puede cultivar en cualquier clima, ya que soporta distintas temperaturas, desde las tropicales hasta las inferiores a 0 °C.

UBICACIÓN | Prefiere lugares soleados y suelos frescos, húmedos y bien drenados.

SUELO | El suelo debe estar bien drenado y ser rico en materia orgánica. Incorpore a la tierra abundante estiércol descompuesto de origen animal, ya que contribuye a mantener los niveles de humedad del suelo. No amontone tierra alrededor de la planta durante el período de maduración. Procure mantener el nivel de pH entre 6.5 y 7.5. Igual que el resto de miembros de su especie, el colirrábano tiene un sistema radicular poco profundo, por lo que deberá mantener el entorno de la planta libre de malas hierbas.

CRECIMIENTO Y CUIDADOS

PROPAGACIÓN | No es fácil de trasplantar, por lo que es preferible sembrar las semillas directamente en la tierra. Prepare el suelo con fertilizante varias semanas antes de sembrar. Cuando las plántulas alcancen 5 cm, retire algunas, de forma que quede una distancia de 10 cm entre ellas. La mejor época para sembrar es de mediados de verano a otoño en cualquier clima. En regiones con bajas temperaturas, también puede sembrar a principios de primavera.

ABONADO | Añada 200 g de cal o dolomita junto con 100 g de fertilizante completo NPK 5:6:4 por metro cuadrado de tierra. Esparza pequeñas cantidades del mismo fertilizante sobre la tierra un mes después de plantar y riegue inmediatamente. Añada finas capas de urea (unos 10 g por metro cuadrado) alrededor de la planta durante el período de maduración. Repita este último proceso cada quince días, si es necesario.

RIEGO | Mantenga la superficie constantemente húmeda; de lo contrario, la hortaliza adquirirá una textura leñosa.

PROBLEMAS | Las plagas más comunes son las orugas de la col, la mariposa blanca y las larvas. Se recomienda fumigar las plantas cada dos semanas con un pesticida apropiado a partir del período de germinación. El mildiu enanizante es una enfermedad fúngica que ataca las plántulas. Si no se supervisa, las hojas se tornan amarillas y se marchitan y la planta muere. Fumigue las plantas con un fungicida registrado. El amarilleo de las hojas en las plantas adultas también puede deberse a la falta de magnesio en el suelo. Riegue la tierra próxima a las plantas con una solución a base de 30 g de sulfato de magnesio (sales Epsom) disuelto en 5 l de agua.

RECOLECCIÓN

COSECHA | El período de crecimiento es breve, cerca de 8 o 10 semanas. Procure recolectarlos cuando haga frío, ya que habrán alcanzado unos 5-7 cm de diámetro. En regiones frías con temperaturas inferiores a 19 °C, durante el período de crecimiento tiende a crecer desmesuradamente.

Allium ampeloprasum grupo Porrum

PUERRO

CARACTERÍSTICAS

Pertenece a la misma familia que la cebolla y posee un largo tallo blanco subterráneo, ligeramente bulboso en el extremo. Sobresalen del suelo unas hojas verdes con forma de banda. La mayoría de puerros se dejan crecer hasta que alcanzan la madurez, aunque son mucho más sabrosos si se cosechan tiernos. Su pulpa es densa y su sabor similar al de la cebolla.

CONDICIONES

CLIMA — Se desarrollan mejor en climas fríos con temperaturas inferiores a 25 °C. Las elevadas temperaturas retrasan el crecimiento.

UBICACIÓN — Prefiere una exposición total al sol.

SUELO — Fertilice el suelo con regularidad y retire las malas hierbas. El blanqueo es el proceso gracias al cual los tallos maduros se conservan blancos mediante el recubrimiento de los mismos con tierra, lo que evita su exposición al sol. Una forma de hacerlo es plantar las plántulas en un surco de unos 20 cm de profundidad. A medida que el tallo se va desarrollando, se va cubriendo con tierra seca. Otra forma consiste en formar montículos de tierra alrededor de la base de los puerros tiernos, envolver los tallos con papel de periódico y cubrirlos con tierra seca. Siga añadiendo tierra a medida que crezca el puerro.

CRECIMIENTO Y CUIDADOS

PROPAGACIÓN — Siembre las semillas en semilleros. En climas fríos, de primavera a verano y en climas cálidos o tropicales a finales de verano o en otoño. En regiones donde el verano sea suave, las semillas se pueden plantar directamente en la tierra a finales de verano. Es posible que deba formar montículos de tierra para proteger las plantas. Trasplante las plantitas cuando alcancen el grosor de un lápiz y unos 20-30 cm de altura. Plántelas separadas 10 cm entre sí en hileras a una distancia de 15 cm. Para realizar el trasplante, cave hoyos de 15 cm de profundidad y coloque dentro la planta, de forma que las raíces toquen el fondo del hoyo, pero no lo cubra con tierra. Con el tiempo, el riego regular irá depositando gradualmente tierra alrededor del puerro tierno y cubrirá las raíces. Corte el tercio superior de las hojas para reducir la pérdida de agua. Aunque el puerro es un cultivo de estación fría, si se producen descensos bruscos de temperatura deberá acolchar bien el suelo con paja o pinaza, si dispone de ellas.

ABONADO — Añada fertilizante rico en nitrógeno NPK 6:6:6 y abundante estiércol animal, además de otras materias orgánicas. Si aplica capas de urea alrededor de la planta cada mes, acelerará el proceso de crecimiento.

RIEGO — Riegue con regularidad, ya que un suelo fértil y húmedo conlleva un crecimiento vigoroso.

PROBLEMAS — Presentan escasos problemas. Raras veces sufren algunas plagas y enfermedades específicas. Si aparecen trips de la cebolla, retírelos con agua.

RECOLECCIÓN

COSECHA — Los puerros tardan mucho tiempo en producir tallos grandes. El período de crecimiento implica unos 4-5 meses si siembra semillas y 3 meses si siembra plántulas. No obstante, puede cosechar los puerros en cualquier fase de crecimiento; cuanto más tiernos, más sabrosos y más dulces. Si quiere recolectar puerros gruesos, corte la mitad superior de las hojas a mediados de verano.

Lactuca sativa

LECHUGA

CARACTERÍSTICAS

La lechuga es una hortaliza de estación fría, aunque la mayor demanda tiene lugar en los meses más cálidos. Actualmente se pueden encontrar variedades que pueden cultivarse durante todo el año. La lechuga puede presentar hojas compactas o sueltas organizadas en una cabeza cuyo color puede oscilar del verde claro al marrón rojizo. La lechuga iceberg es la más habitual y es un ejemplo de una variedad de lechuga compacta. La lechuga mignonette en sus variantes verde y marrón es otro ejemplo de cabeza pequeña compacta. La lechuga butterhead y la hoja de roble presentan hojas suaves y sueltas, mientras que la lechuga romana posee hojas rígidas y una característica cabeza alargada.

CONDICIONES

CLIMA	Debido al gran número de variedades, la lechuga puede cultivarse en todos los climas y en cualquier época del año.
UBICACIÓN	Prefiere espacios soleados o parcialmente a la sombra. No crecen bien en suelos excesivamente cálidos y, en climas fríos, es recomendable cubrir el suelo con plástico de polietileno para ayudar a que la planta madure.
SUELO	La lechuga prefiere suelos que no sean ácidos enriquecidos con estiércol animal o gallinaza. Mezcle 2 kg de estiércol por metro cuadrado quince días antes de plantar. La adición de 150 g de cal o dolomita por metro cuadrado neutralizará la acidez del suelo. La tierra debe estar bien drenada y se debe controlar la presencia de malas hierbas.

CRECIMIENTO Y CUIDADOS

PROPAGACIÓN	Siémbrelas durante todo el año en cualquier clima. Acelere el crecimiento para obtener los mejores resultados. Si una variedad se siembra a destiempo, decaerá, especialmente en períodos muy cálidos. Si planta escalonadamente desde principios de primavera hasta mediados de verano, asegurará una cosecha constante. Evite sembrar en períodos muy cálidos. Se pueden sembrar en contenedores para trasplantarse más adelante, aunque es preferible sembrarlas directamente en la tierra. Siembre varias semillas en un surco poco profundo separadas entre sí 25 cm y cúbralas con una capa de sustrato o mezcla germinadora de semillas de no más de 1 cm de grosor. Mantenga el suelo húmedo. Retire las plántulas dejando solamente una por grupo cuando midan alrededor de 6-8 cm en hileras separadas 30 cm.
ABONADO	Una semana antes de plantar, esparza 100 g de fertilizante por metro cuadrado de tierra y mézclelo. Durante el período de crecimiento, añada 10 g de urea por metro cuadrado dos veces: primero, cuando retire las plántulas y, después, cuando la planta esté medio formada. No deje que el fertilizante entre en contacto con las hojas. Si eso ocurre, lávelas.
RIEGO	Mantenga el suelo húmedo. Un riego excesivo puede provocar enfermedades fúngicas. La falta de agua reduce el tamaño de la hortaliza, se estropea en climas cálidos e incrementa el amargor de las hojas.
PROBLEMAS	Los áfidos aparecen en épocas tempranas y ralentizan el crecimiento de la planta. Fumíguela con plaguicidas adecuados. Entre las enfermedades se encuentra la esclerotinia, que se desarrolla en ambientes húmedos y umbríos. La formación de hongos blancos tiene lugar en la base del tallo a nivel del suelo y debe tratarse cada quince días con fungicidas adecuados. El mildiu enanizante y la septoria o tizón foliar también deben fumigarse. Las hojas

muertas deben quemarse. Mejorará
la salud de las plantas si deja un
espacio prudencial entre ellas durante
el período de crecimiento y las
siembra en un espacio soleado
con un suelo húmedo.

RECOLECCIÓN

COSECHA La lechuga tarda de 8 a 10 semanas
en alcanzar la madurez, dependiendo
del clima. Coséchelas cuando empiece
a formarse el cogollo.

Allium cepa

CEBOLLA

CARACTERÍSTICAS

Las cebollas pueden crecer en muchos tipos de suelos y climas. La parte comestible de la cebolla es el bulbo, que puede ser blanco, amarillo o marrón rojizo. Las cebollas de primavera y las cebolletas (a menudo llamadas erróneamente «chalotas») se cultivan por su pequeño bulbo blanco o su fino tallo y sus cabezas verdes.

CONDICIONES

CLIMA — Es adaptable a todos los climas, pero tiene que planificar con cuidado el cultivo teniendo en cuenta el tiempo de maduración de cada variedad y los climas más adecuados si desea que el período de cultivo sea amplio.

UBICACIÓN — Las cebollas no se desarrollan bien en los terrenos demasiado cálidos. Son muy sensibles a las temperaturas. Los climas cálidos y el sol directo favorecen el desarrollo del bulbo.

SUELO — Prefiere los suelos no ácidos con un pH de 6.0. Prepare el terreno con anterioridad aplicando grandes cantidades de materia en descomposición. Controle las malas hierbas y lleve a cabo un cultivo poco profundo. Cuando escarde, tenga cuidado de no cubrir los bulbos maduros con tierra.

CRECIMIENTO Y CUIDADOS

PROPAGACIÓN — Las cebollas son una hortaliza que puede presentar una temprana, media o tardía maduración. En regiones tropicales y subtropicales, plante las variedades de temprana maduración de mediados a finales de verano; en regiones cálidas, de mediados a finales de verano, lo mismo que en las regiones frías. En lo que respecta a las variedades de maduración media, en regiones tropicales y subtropicales, plántelas en otoño; en regiones cálidas, de otoño a mediados de invierno, y, en regiones frías, a principios de invierno. En cuanto a las variedades de maduración tardía, en regiones tropicales y subtropicales, plántelas de finales de otoño a principios de invierno y, en regiones frías y cálidas, hágalo a principios de invierno. Plante las semillas directamente en la tierra o trasplante las plántulas de los arriates. Las plántulas deberían medir 12 cm antes de trasplantarlas. Plántelas a una distancia de 8 cm y en filas a 30 cm entre ellas.

ABONADO — Fertilice antes de la siembra añadiendo 20 g de urea por metro cuadrado o 50 g de sulfato de sodio por metro cuadrado. Lo mejor es aplicar un fertilizante con nitrógeno en forma de sangre y huesos o estiércol animal, aunque también se obtienen resultados satisfactorios si se aplica 100 g por metro cuadrado de un fertilizante completo NPK 5:6:6.

RIEGO — Riegue con regularidad y de forma uniforme.

PROBLEMAS — El gusano de la cebolla se reproduce con facilidad en los suelos con materia orgánica fresca, de modo que es preferible fertilizar muy bien el terreno con materia en descomposición. Las manchas blancas en las hojas indican la presencia de trips en la cebolla. También es muy frecuente la presencia de mildiu. Pulverice dos semanas antes con mancozeb.

RECOLECCIÓN

COSECHA — Las cebollas pueden tardar más de seis meses en madurar, dependiendo de la variedad. Arranque la planta del suelo y, si es posible, déjela secar al sol.

Pastinaca sativa

CHIRIVÍA

CARACTERÍSTICAS

Es una hortaliza muy popular gracias a su importante cosecha, al escaso espacio que necesita y a su prolongado cultivo. Sin embargo, no se puede cultivar en recipientes. La chirivía crece bajo tierra formando una raíz de 20 cm, de color blanco-crema, con unas hojas parecidas al apio, que crecen por encima del suelo. La raíz, que es la parte comestible, contiene mucho azúcar y, aunque la mayor parte se pierde en la cocción, posee un sabor dulce muy característico y un aroma que no es nada usual en las hortalizas. Tradicionalmente se ha considerado la hortaliza favorita de los agricultores y se usa para aportar sabor y nutrientes.

CONDICIONES

CLIMA	Prefiere las temperaturas suaves, aunque se adapta a cualquier clima.
UBICACIÓN	Soporta la exposición al sol, así como una ligera sombra. Crece bien en terrenos bien drenados, ricos en materia orgánica, profundos y arenosos.
SUELO	Las largas raíces requieren una adecuada preparación del suelo; para ello, se debe cavar hondo. Añada abundante abono para conservar el suelo fresco cierto tiempo antes de la siembra. Es perfecto usar un terreno que ya haya sido fertilizado y acolchado para un cultivo anterior. Evite escardar a gran profundidad, ya que puede dañar las raíces. Si es necesario, hágalo manualmente. En regiones de temperaturas muy elevadas, acolche para mantener el suelo frío y detener el crecimiento de raíces cortas.

CRECIMIENTO Y CUIDADOS

PROPAGACIÓN	En regiones frías, plante las semillas de primavera a principios de verano; en regiones templadas, de mediados de invierno a mediados de otoño, y, en regiones tropicales y subtropicales, de otoño a invierno. Las semillas no suelen ser longevas, de modo que es preferible recolectar semillas nuevas cada temporada. Plante las semillas en un huerto a una profundidad de 0,5 a 1 cm en filas a una distancia de 40 cm. Tardarán, aproximadamente, 5 meses en madurar. También puede emplear semilleros y mantener el sustrato húmedo hasta que aparezca la plántula. Trasplante las plántulas cuando alcancen unos 12-15 cm a una distancia de 5 cm.
ABONADO	Añada 120 g por metro cuadrado de un fertilizante completo NPK 6:6:6 una semana antes de plantar las semillas o de trasplantar las plántulas. No fertilice en exceso, ya que mucho nitrógeno podría hacer crecer desmesuradamente las hojas perjudicando el desarrollo de la raíz.
RIEGO	Riegue abundantemente durante las primeras etapas del período de crecimiento, pero reduzca el riego, ya que demasiada agua provoca que la raíz se rompa. Un escaso riego retarda el desarrollo e incluso puede atrofiar la raíz.
PROBLEMAS	No le afectan enfermedades importantes, aunque los insectos pueden ser muy perjudiciales. Controle los pulgones con la ayuda de un fungicida, ya que rizan y oscurecen las hojas.

RECOLECCIÓN

COSECHA	Recoléctelas al cabo de 4 o 5 meses. Cuando la parte superior de la raíz supere los 4-5 cm de grosor, arránquela con mucho cuidado con la ayuda de una horca.

Pisum sativum

GUISANTE

CARACTERÍSTICAS

El guisante es un atractivo complemento en los huertos particulares. Básicamente es una planta trepadora anual con atractivas flores y folíolos verdes que cuelgan de un emparrado. El más común es el guisante de huerto, que son las semillas redondas que crecen dentro de las vainas. El tirabeque y el snow pea son dos variedades de guisante cultivados para obtener sus vainas. Las flores y los hábitos de cada variedad son distintos, pero tienen los mismos requisitos para un adecuado crecimiento.

CONDICIONES

CLIMA · Se adapta a muchos climas, aunque para obtener mejores resultados deben plantarse durante los meses más suaves del año. Tanto las flores como las vainas son sensibles a las heladas; por tanto, en invierno, evite cultivarlos en regiones propensas a sufrir heladas.

UBICACIÓN · Prefiere la exposición al sol o una ligera sombra. En regiones de clima más suave, donde es posible el cultivo en verano, será necesario proteger la planta durante el momento más caluroso del día.

SUELO · Debe drenar bien los suelos y enriquecerlos con materia orgánica. Deberá tratar los suelos ácidos con cal para reducir el pH a 6.5. Se aconseja practicar un cultivo rotativo, ya que el guisante fija el nitrógeno en el suelo mediante una acción bacteriana en los nódulos de la raíz, lo que puede perjudicar negativamente a los futuros cultivos de guisante. Una vez practicada la recolección, puede volver a usar la planta como abono orgánico. Para las variedades que lo necesitan, que son muchas, el emparrado facilita el cultivo y la recolección.

CRECIMIENTO Y CUIDADOS

PROPAGACIÓN · Sembrar cada 2-3 semanas prolonga el período de cultivo. En regiones frías, plante las semillas directamente en el suelo de invierno a principios de primavera; en regiones cálidas, de otoño a invierno, y, en regiones subtropicales cálidas, de otoño a principios de invierno. En regiones donde las precipitaciones sean abundantes, es preferible plantar las semillas a 3 cm de profundidad y a una distancia de 5 cm entre unas y otras; en regiones cálidas, hay que plantarlas, a 5 cm. Debe existir una distancia de 60 cm entre las filas. Llene los agujeros con tierra y presione. Plante las semillas a lo largo de los agujeros, pero no riegue en exceso para evitar que las semillas se pudran. Protéjalas de los pájaros con una alambrada.

RIEGO · Riegue cuidadosamente a ras del suelo sólo cuando sea necesario. Evite regar por encima de las hojas maduras y las flores.

ABONADO · Añada 120 g por metro cuadrado de un fertilizante completo NPK 5:6:4 para mejorar la fertilidad del suelo.

PROBLEMAS · El cultivo rotativo es una buena medida preventiva que evitará la aparición de enfermedades que afecten a la estructura de la planta. Es decir, evitará que aparezcan hongos y que la raíz, las hojas y la vaina se pudran, lo que suele ocurrir en los climas húmedos. La decoloración de las hojas y las vainas y la aparición de manchas oscuras en el tallo es un síntoma de enfermedad. Después de la recolección, retire todas las plantas y quémelas. No las utilice como abono orgánico. Si pulveriza las semillas con fungicida antes de sembrar, puede prevenir que la raíz se pudra y adquiera humedad, sobre todo en

regiones donde las plantaciones de invierno se realizan en suelos fríos. Elimine con una manguera los pulgones del guisante. Controle las larvas que atacan a las vainas con carbaril.

RECOLECCIÓN

COSECHA Recolecte las vainas que estén llenas, firmes, brillantes, verdes y que midan de 5 a 8 cm de longitud. Recolectar con frecuencia desde la parte inferior de la planta alarga el período de producción. En regiones tropicales, recolecte el guisante común de invierno a principios de primavera; en regiones cálidas, de finales de verano a mediados de otoño, y, en regiones de clima suave, de primavera a finales de invierno. Para los tirabeques y los snow peas, en regiones subtropicales, debe recolectarlos de otoño a mediados de primavera; en regiones suaves, en otoño y primavera, y, en regiones frías, de primavera a finales de otoño.

Solanum tuberosum

PATATA

CARACTERÍSTICAS

Aunque son originarias de las regiones montañosas de América del Sur, las patatas no crecen bien en regiones donde abundan las heladas o de gran altitud. Cultivada en todo el mundo, la patata es un tubérculo que crece bajo tierra y que produce un tallo velloso, con hojas parecidas al tomate. El color de la piel puede oscilar del color crema al marrón o al morado oscuro, dependiendo de la variedad. El color de la carne va del blanco al color crema y su textura puede ser como la cera o como la harina. Cada variedad se asocia a una técnica de cocción distinta. Es una hortaliza fácil de cultivar y que se puede desarrollar en recipientes con resultados bastante buenos.

CONDICIONES

CLIMA	Las patatas son adaptables a cualquier clima, aunque para desarrollarse correctamente necesitan un período de 4-5 meses sin heladas.
UBICACIÓN	Prefieren la exposición al sol en un suelo fértil bien drenado, que debería trabajarse si es demasiado arcilloso.
SUELO	El suelo debe ser friable y rico en materia orgánica, con un pH de 5.0-5.5. Añada cal a la tierra para reducir la acidez. Demasiada cal puede aumentar el riesgo de que la piel se infecte y se torne áspera, aunque no tiene por qué afectar al interior de la patata. Las patatas en desarrollo se entierran para evitar que la luz solar alcance al vegetal y lo proteja de los insectos. No deje crecer las malas hierbas debido a un cultivo poco profundo.

CRECIMIENTO Y CUIDADOS

PROPAGACIÓN	La plantación depende de la variedad de patata. En general, en regiones frías, si el suelo es cálido, plante los tubérculos de primavera a principios de verano; en regiones templadas, de primavera a finales de verano, y, en regiones tropicales cálidas, de verano a invierno. Las «semillas» son pequeños trozos de tubérculo cortados de, aproximadamente, 50 g. Plántelos en filas a una distancia de 70 cm y con los trozos de tubérculo separados unos 35 cm entre sí. Realice las filas a unos 15 cm y luego añada de 80 a 100 g de fertilizante a lo largo de las filas. Cúbralo con tierra y rastrille a lo largo de la superficie. Otra alternativa consiste en acolchar los tubérculos que brotan con una capa de 20 a 30 cm de alfalfa descompuesta y con 10 cm de tierra enriquecida. Conserve el suelo húmedo. Las patatas crecen en este medio.
RIEGO	Riegue con regularidad para producir hortalizas suaves y de mayor tamaño. Riegue en los surcos que se forman entre las hileras. Reduzca el riego antes de la recolección cuando las partes superiores de las plantas se vayan muriendo.
ABONADO	Use un fertilizante rico en fósforo, como, por ejemplo, NPK 10:7:6.
PROBLEMAS	La polilla de la patata es la plaga de insectos más destructiva, ya que ataca a los tubérculos descubiertos. Cubrir la hortaliza con tierra es el mejor método de prevención que un cultivador particular puede practicar. Los pulgones esparcen el virus mosaico y deben ser controlados. Si la estructura de la hoja se ve afectada, trátela con un fungicida apropiado. La plaga es un hongo muy común en regiones húmedas. Cuando la planta está infectada, las hojas y los tallos se pudren. Si los pulveriza con un fungicida registrado puede prevenir el desarrollo de la enfermedad. Otra manera de

solucionar este problema consiste en retirar y quemar las plantas enfermas.

RECOLECCIÓN

COSECHA   Las patatas nuevas o jóvenes se pueden recolectar después de un mes de florecer y cuando las hojas estén amarillas. No hace falta pelar las patatas nuevas, ya que es muy fácil retirar la piel. Las patatas viejas son las que se han dejado madurar en la tierra y se han conservado hasta la siguiente temporada. Espere a que la planta muera para recolectar las patatas. Las patatas que han crecido mediante un método de acolchado se cultivan de un modo más limpio.

Cucurbita
CALABAZA DE INVIERNO

CARACTERÍSTICAS

Las calabazas que tienen un tamaño que oscila de mediano a grande pertenecen a la especie *C. Pepo*. *C. maxima* produce frutos grandes; de hecho, es una variedad descomunal de la calabaza de invierno, cultivada para concursos de calabazas «gigantes». Las calabazas de invierno y las calabazas de verano pertenecen al grupo de las cucurbitáceas. Crecen en un emparrado de 6 m o más. Las flores masculinas, de gran tamaño (de 10 cm de anchura), y las femeninas aparecen en la misma parra. Las flores femeninas tienen un tallo corto y grueso, con un fruto inmaduro justo debajo de los pétalos. El fruto tiene una textura seca y un sabor dulce, y su colorido oscila del amarillo al naranja. La piel oscila del verde oscuro, pasando por el gris blanquecino, al amarillo-crema, dependiendo de la variedad.

CONDICIONES

CLIMA La calabaza de invierno es un cultivo de clima cálido, sensible al frío y a las heladas. Pueden crecer en muchas regiones, aunque, en las más frías, el período de cultivo es más breve.

UBICACIÓN Las calabazas de invierno prefieren una exposición al sol antes que una ligera sombra. Es esencial realizar un buen drenaje del suelo.

SUELO El período de cultivo de las calabazas es muy amplio y se debe añadir al terreno abundante fertilizante y estiércol descompuesto varias semanas antes de la siembra. Mantenga las zonas alrededor de las parras libres de semillas y de otras materias en descomposición que puedan ser portadoras de alguna enfermedad. El cultivo debe ser cuidadoso e intentar no dañar la delicada estructura de la raíz. Si no se desarrolla ningún fruto, puede deberse a que las condiciones climáticas no son las más idóneas o a que las abejas no actúan alrededor de las flores, lo que acostumbra a suceder cuando se cultivan las variedades pequeñas en el exterior. En este caso, se deberá realizar una polinización manual de las flores masculinas y femeninas.

CRECIMIENTO Y CUIDADOS

PROPAGACIÓN En regiones subtropicales muy cálidas, puede plantar las semillas a lo largo de todo el año; en regiones cálidas, en primavera, y, en regiones frías, en verano. Cultive las semillas en pequeños recipientes durante 4-5 semanas antes de la siembra. Siembre las pipas a 20 mm de profundidad con un preparado germinador de semillas. Otra alternativa consiste en plantar directamente las semillas en el suelo al final de la germinación: coloque varias semillas a 2,5 cm de profundidad en agujeros cóncavos de 20 cm de profundidad, con la tierra rodeando el límite del agujero. Deje 1 m de terreno en medio de cada «hoyo». Conserve dos o tres plántulas en un mismo espacio y, cuando empiecen a salir las hojas, conserve una sola planta sana. Tenga cuidado de no dañar la estructura de la raíz cuando trasplante las plántulas y corte el tallo a ras del suelo. Coloque las plantas en filas, dejando un espacio bien definido entre 1,5 y 2 m entre cada planta.

RIEGO Mantenga húmeda la planta, pero evite que el tallo y las hojas se mojen, especialmente cuando el fruto ya ha crecido. Las hojas grandes se marchitan en las estaciones cálidas.

ABONADO Antes de la siembra, añada 100 g de un fertilizante completo NPK 5:6:6 o bien 20 g de urea por metro cuadrado alrededor.

PROBLEMAS El mildiu polvoriento y la marchitez bacteriana son muy comunes. Es muy

importante su prevención. No manipule
el frágil emparrado cuando esté mojado
y mantenga el terreno limpio. Las plagas
de insectos causan enfermedades
como el virus mosaico. También
debería fumigar los pulgones y el
escarabajo de la calabaza, que afectan
a la planta a principios de la estación
de crecimiento, sobre todo en verano.

RECOLECCIÓN

COSECHA   Alcanza su madurez a las
            14-16 semanas y debe recolectarla
            antes de que lleguen las heladas.

Raphanus sativus

RÁBANO

CARACTERÍSTICAS

Se trata de una hortaliza constituida por una raíz, que puede ser redonda, ovalada y, a veces, cilíndrica. Presenta variedades tanto de invierno como de verano. La variedad de rábano más alargada puede alcanzar 15 cm de longitud y es adecuada para cocinar. Los rábanos de verano, más pequeños y redondeados, se acostumbran a usar crudos en las ensaladas y son ideales para el cultivo en recipientes. Crecen con gran rapidez y su carne es dulce, aunque si se deja demasiado tiempo en la tierra puede adquirir un sabor amargo y picante. Tiene una piel fina cuyo color oscila del rojo al blanco. Para un aficionado, su cultivo resulta muy sencillo.

CONDICIONES

CLIMA Crece en todos los climas.

UBICACIÓN Prefiere un lugar húmedo y sombreado, donde se haya abonado y fertilizado el suelo para un cultivo anterior. En pleno verano, es necesario protegerlo de la luz directa.

SUELO Para un cultivo rápido se necesita una tierra rica, arcillosa y profunda, capaz de conservar la humedad. Durante las épocas de elevadas temperaturas consérvelos con un mantillo. Los rábanos se pueden recolectar entre 6 y 8 meses después de su plantación, aunque la variedad de invierno es de crecimiento más lento. El pH óptimo se sitúa en 6.5. Si es preciso, añada cal al terreno. Una vez la planta haya crecido no añada más abono, ya que potencia el crecimiento de las hojas, pero afecta al desarrollo del rábano. Mantenga el jardín limpio de semillas. La planta tiene tendencia a decaer o a estropearse en épocas de elevadas temperaturas.

CRECIMIENTO Y CUIDADOS

PROPAGACIÓN En regiones tropicales y subtropicales, plante a lo largo de todo el año; en regiones templadas, durante todo el año, excepto a principios de invierno y, en regiones más frías, en primavera y a principios de otoño. Sembrar cada dos o tres semanas le garantiza una cosecha continua. Gracias a su rápido crecimiento, puede plantar los rábanos en hileras y alternarlos con otras hortalizas de crecimiento más lento, como, por ejemplo, la lechuga. Plante la semilla directamente en la tierra a 6 mm de profundidad, dejando 5 cm de distancia entre una y otra, y 15 cm entre cada fila. Otro método consiste en realizar un surco poco profundo a lo largo de las filas, añadir abono, cubrirlo con un poco de tierra y luego plantar las semillas. Llene el surco de un estiércol suave o abono para semillas mezclado con agua. Las semillas germinan al cabo de 1-2 semanas. En la segunda etapa de la hoja, trasplante la planta dejando 5 cm de distancia (8 cm para los rábanos de invierno).

RIEGO Riegue cuidadosamente para conservar la tierra húmeda durante el cultivo.

ABONADO Use un fertilizante completo NPK 5:6:4 para el surco o añada 125 g por metro cuadrado en un arriate. Asegúrese de que añade el fertilizante líquido cada semana durante el período de crecimiento.

PROBLEMAS Supervise la presencia de orugas y mariposas de la col. Se recomienda aplicar el insecticida apropiado desde el principio. La hernia o potra de la col puede afectar a los rábanos de invierno, ya que esta variedad de rábano permanece más tiempo en la tierra. Se pueden controlar las plagas de pulgones y de otros insectos con piretro u otros insecticidas adecuados. Asegúrese de que interrumpe el uso de insecticidas una semana antes de la recolección.

RECOLECCIÓN

COSECHA   La recolección se realiza a las
             4 o 5 semanas después de la siembra.

Arranque la planta entera para
comprobar el tamaño y la firmeza
del fruto en el período de madurez.
Recoléctelos antes de que endurezcan.

Allium ascalonicum, A. cepa

ESCALONIA

CARACTERÍSTICAS

Esta hortaliza no se debe confundir con las cebolletas, que se comercializan en manojos en las tiendas y que, a veces, se denominan erróneamente escalonias. De hecho, las cebolletas son cebollas muy jóvenes, mientras que la escalonia es una variedad de cebolla más madura, cuyo desarrollo se asemeja al del ajo. *A. ascalonicum* se denomina también escalonia dorada y tiene una piel de color castaño. Posee unos bulbos pequeños, con unos dientes cuya forma se parece al ajo y que miden de 1 a 3 cm de diámetro cuando están maduros. Tiene un sabor parecido al de la cebolla, pero más suave. Las variedades alargadas presentan un sabor más intenso que las variedades redondeadas, pero sigue siendo más sutil que el sabor de la cebolla. Como es habitual en todas las variedades pertenecientes a la familia aggregatum, los bulbos están agrupados en la base de la planta con unos tallos finos y pálidos y hojas verdes que sobresalen por encima de la tierra. En la gastronomía francesa la escalonia se usa en múltiples recetas, especialmente para aromatizar sutilmente las salsas. Es una hortaliza cuyo cultivo resulta muy fácil para el aficionado.

CONDICIONES

CLIMA	El cultivo se adapta a todos los climas.
UBICACIÓN	Prefiere una exposición al sol antes que una ligera sombra.
SUELO	Añada abundante abono vegetal y animal varias semanas antes de la siembra. Las raíces poco profundas y fibrosas requieren luz para su cultivo; debe mantener el terreno libre de semillas.

CRECIMIENTO Y CUIDADOS

PROPAGACIÓN	Debido a que esta planta no produce semillas fértiles, el vegetal se reproduce plantando pequeños bulbos que se obtienen de la planta madre cada temporada. En regiones tropicales, tiene lugar de finales de verano a principios de invierno; en regiones templadas, de finales de verano a finales de otoño, y, en regiones frías, de mediados de verano a mediados de otoño. Si pretende obtener una cosecha todavía verde, es decir, cuando la planta es bastante joven, debe plantar el bulbo a 6 cm de profundidad y colocar tierra alrededor del tallo a medida que vaya creciendo. Si pretende obtener unos bulbos maduros, debe plantarlos a escasa profundidad, de modo que estén a la altura de la superficie del suelo. En ambos casos, es preferible dejar entre 15 y 20 cm alrededor de cada planta.
RIEGO	Riegue con regularidad para que el terreno no se seque.
ABONADO	Añada 100 g por metro cuadrado de un fertilizante completo NPK 5:6:4.
PROBLEMAS	Sufren escasas plagas y enfermedades. Si aparecen trips en la cebolla, elimínelos concienzudamente.

RECOLECCIÓN

COSECHA	Los bulbos maduran tras 3-4 meses, aunque, si prefiere los bulbos blandos de tallo blanco y de hojas verdes y jóvenes, la recolección se puede realizar tras 8 semanas. Las hojas verdes, que tienen un sabor exquisito, se usan en ensaladas o como complemento para aromatizar del mismo modo que las cebolletas. La escalonia también se puede recolectar en cualquier estadio del período de crecimiento, pero debe tener cuidado de no cortar el tallo principal y dificultar el desarrollo de la planta. Los bulbos maduros se recolectan cuando la parte superior frondosa se marchita.

Spinacia oleracea

ESPINACA

CARACTERÍSTICAS

Las plantas maduras de la espinaca inglesa producen una roseta de hojas de color verde oscuro, de entre 10 y 16 cm de longitud con un nervio prominente. Las hojas pueden ser arrugadas o lisas, dependiendo de la variedad; son la parte comestible de la hortaliza y crecen en forma de racimo a nivel del suelo. La espinaca de Nueva Zelanda (*Tetragonia expansa*) en realidad no es una espinaca y produce muchas hojas más pequeñas que la variedad normal, pero se puede cultivar durante todo el verano y su desarrollo es relativamente rápido.

CONDICIONES

CLIMA	Prefiere los climas fríos, aunque se desarrolla en muchas regiones. La temperatura ideal oscila entre 10 y 15 ºC.
UBICACIÓN	Prefiere el pleno sol frente a la ligera sombra en un suelo rico y bien drenado, y necesita protección frente a los vientos.
SUELO	Prefiere suelos no ácidos con un pH entre 6.0 y 7.0, enriquecidos con estiércol animal o de ave. Añadir 150 g de cal o de dolomita por metro cuadrado puede ayudar a neutralizar los ácidos. Dos semanas antes de la siembra, mezcle, aproximadamente, 2 kg por metro cuadrado de esta materia orgánica con la tierra. Para que las semillas se adhieran al terreno y se puedan conservar las raíces, cubra el terreno con un mantillo.

CRECIMIENTO Y CUIDADOS

PROPAGACIÓN	En climas subtropicales, la mejor época para sembrar se sitúa de verano a otoño; en regiones templadas, de finales de verano a otoño, y, en regiones frías, de otoño a invierno. Siembre periódicamente cada 3 semanas y garantizará una cosecha continua. Siembre las semillas directamente en el arriate, a 1 cm de profundidad, con una distancia de 30 cm entre semilla y semilla y 35 cm entre cada fila. Cubra ligeramente las semillas con sustrato y agua, de modo que la tierra se mantenga húmeda. Tras 2 o 3 semanas las plántulas empezarán a crecer.
RIEGO	El suelo debería estar siempre húmedo, aunque se debe evitar que las hojas estén constantemente mojadas.
ABONADO	Una semana antes de la siembra, añada a la tierra 100 g por metro cuadrado de un fertilizante completo NPK 5:6:4. Para favorecer el adecuado crecimiento de las hojas, abone regularmente con nitrógeno cuando aparezcan los primeros indicios de germinación.
PROBLEMAS	El virus mosaico del pepino es una plaga para la espinaca; cuando infecta el fruto, las hojas se tornan amarillas, se arrugan y se mueren. El mildiu de la remolacha provoca manchas pálidas en las hojas. Los minadores de la hoja y los pulgones son las principales plagas. Las puede controlar con la ayuda de un fungicida o un insecticida adecuado.

RECOLECCIÓN

COSECHA	La cosecha madura después de 8-10 semanas de haberse sembrado. Corte las hojas que necesite o arranque la planta entera de la tierra.

Cucurbita

CALABAZA DE VERANO

CARACTERÍSTICAS

Actualmente se pueden encontrar muchos tipos de calabazas de verano y de invierno, y todas ellas son cultivos de climas cálidos. Las calabazas de verano, como el calabacín, tienen una piel suave y se recolectan y se consumen cuando aún están verdes, aunque existen algunas excepciones dentro de la misma familia. El anco (*C. moschata*) es una variedad madura de la calabaza de verano que se usa en la elaboración de pasteles.

CONDICIONES

CLIMA	La calabaza de verano se cultiva en las estaciones cálidas. Es sensible al frío y a las heladas. Puede crecer en muchas zonas, pero las más frías reducen el período de cultivo.
UBICACIÓN	Prefiere una exposición a pleno sol antes que una ligera sombra, así como terrenos amplios. Es imprescindible que el suelo esté bien drenado.
CULTIVO	Añada abundante fertilizante y estiércol varias semanas antes de la siembra, ya que las calabazas de verano necesitan fertilizante. Mantenga el suelo libre de semillas y de otras materias en descomposición que puedan ser portadoras de alguna enfermedad. Siembre a escasa profundidad. Si el fruto no se desarrolla, puede que se deba a que el clima no es el adecuado o a la ausencia de actividad de las abejas alrededor de las flores, lo que ocurre a menudo en el cultivo interior de las variedades pequeñas de cucúrbita. En este caso, deberá realizar una polinización manual de las flores masculinas y femeninas.

CRECIMIENTO Y CUIDADOS

PROPAGACIÓN	En climas subtropicales y cálidos, plante las semillas a lo largo de todo el año; en regiones templadas, durante la primavera, y, en regiones frías, sólo durante el verano. Germine las semillas en macetas 4-5 semanas antes de plantarlas en el exterior. Siembre las semillas a 20 mm de profundidad con un preparado germinador de semillas. Otra alternativa consiste en colocar directamente las semillas en el suelo tras la germinación: siembre varias semillas a 1,5 cm de profundidad en agujeros cóncavos a 20 cm de profundidad, con la tierra rodeando el agujero. Conserve 1 m de tierra en medio de cada «hoya». Deje dos o tres plántulas en un mismo lugar y, cuando empiecen a salir las hojas, conserve una planta sana en cada espacio. Tenga cuidado de no dañar la estructura de la raíz cuando retire las plántulas y corte el tallo a ras del suelo. Si las planta en filas, deje un espacio definido entre 1,5 m y 2 m alrededor de cada planta.
RIEGO	Mantenga húmeda la planta, pero evite que el tallo y las hojas se mojen, especialmente cuando el fruto ya ha crecido. La capacidad de retener la humedad del suelo dependerá de la estructura de tierra arenosa, que necesita más agua que el suelo más fuerte. La escasez de agua puede provocar la caída del fruto en pleno proceso de formación. Las hojas grandes se marchitan en las estaciones cálidas, pero se recuperan si el suelo se mantiene húmedo.
ABONADO	Justo antes de la siembra, añada 100 g de un fertilizante completo NPK 5:6:6. También puede aplicar 20 g de urea por metro cuadrado alrededor de la planta una vez que el fruto ha empezado a crecer. Si mezcla demasiado abono, las hojas crecerán más fuertes, pero el desarrollo del fruto será más difícil.

PROBLEMAS El mildiu polvoriento y la marchitez bacteriana son muy comunes. Es muy importante su prevención. No manipule la planta cuando esté mojada y mantenga el terreno limpio. Las plagas de insectos causan enfermedades como el virus mosaico. Debe pulverizar las hojas superiores e inferiores con un insecticida o arrancarlas. También debería fumigar los pulgones y el escarabajo, que afectan a la planta a principios de la estación de crecimiento.

RECOLECCIÓN

COSECHA Maduran 12-14 semanas después de sembrarlas, pero, a menudo, se recolectan antes de que la piel endurezca.

Zea mays var. saccharata

MAÍZ

CARACTERÍSTICAS

Pertenece a la familia de las gramíneas. Puede alcanzar unos 5 m de longitud y produce entre 1 y 2 espigas por tallo al año. Estas espigas o mazorcas están completamente cubiertas de unas semillas, unos granos ordenados uniformemente, de color blanco-amarillo, aunque existen variedades con semillas de color rojo o negro o la combinación de los dos colores.

CONDICIONES

CLIMA	Prefiere los climas cálidos, templados y sin heladas.
UBICACIÓN	Prefiere la exposición al sol y, si es necesario, protección contra el viento.
SUELO	Durante el período de crecimiento, debe regarlo y fertilizarlo en abundancia. Retire las malas hierbas. El maíz se poliniza dejando caer polen proveniente de las flores masculinas (panojas) en el extremo del tallo, es decir, por debajo de las flores femeninas (espádices). Cuando riegue durante este período, procure hacerlo a ras del suelo para no mojar la panoja ni los granos.

CRECIMIENTO Y CUIDADOS

PROPAGACIÓN	En regiones subtropicales puede plantarlo a lo largo de todo el año, aunque otoño es, sin duda, la mejor época; en regiones templadas, de primavera a mediados de verano, y, en regiones más frías, de finales de primavera a principios de invierno. Mezcle con la tierra abundante estiércol de ave, como mínimo dos semanas antes de la siembra. Prepare pequeñas filas con una separación entre ellas entre 50 cm y 60 cm para que se pueda formar una planta completa en el suelo. Debe cavar unos hoyos para las semillas a lo largo de las filas a una profundidad de 25 cm, añadir una capa de un fertilizante completo y luego cubrirlo con 10 cm de tierra. Conserve una distancia de 25 cm entre semilla y semilla. El suelo debe estar húmedo y cálido, como mínimo a 15 ºC. Las plantas deberían empezar a salir 14 días después de plantar las semillas.
RIEGO	Mantenga el suelo húmedo, especialmente en las estaciones más cálidas y tras la polinización, momento en que la panoja no debe mojarse.
ABONADO	Añada un fertilizante NPK 6:6:4 con un elevado contenido en nitrógeno y fosfato en el período de siembra. Durante el período de crecimiento, no abone directamente, sino a un lado.
PROBLEMAS	Padece algunas plagas, incluidos el gusano cortador, el taladro del maíz, y el gusano barrenador. Estas plagas penetran en las espigas y dañan las semillas. Los pulgones que se alimentan de las hojas también constituyen un problema. Al primer indicio de plagas, pulverice la planta con un insecticida adecuado cada 2 o 3 días cuando se encuentre en la fase de formación de los espádices. Los pájaros también pueden atacar los granos del maíz. Cubra las plantas durante el período de maduración.

RECOLECCIÓN

COSECHA	Tras 12 o 14 semanas de la siembra, el maíz dulce alcanzará su madurez, momento en que los granos tendrán un importante tamaño y estarán llenos de leche. Esta leche saldrá cuando se corte la mazorca madura; si el líquido es claro, la mazorca estará todavía verde.

Beta vulgaris var. cicla

ACELGA

CARACTERÍSTICAS

La acelga pertenece a la familia de la remolacha y, a menudo, se confunde con la espinaca. La acelga tiene un tallo pálido que soporta unas hojas grandes, verdes y arrugadas. Todas estas partes son comestibles. Actualmente existen diferentes variedades de acelga con tallos de diferentes colores (rojo, naranja, amarillo y dorado) que parecen elementos de decoración cuando crecen en recipientes. Este tipo de acelga se denomina acelga del arco iris. La acelga es una hortaliza cuyo cultivo es muy fácil.

CONDICIONES

CLIMA
Se adapta a todos los climas, aunque es preferible evitar los meses de calor intenso o de heladas.

UBICACIÓN
Prefiere una exposición al sol frente a una ligera sombra y crece bien en suelos bien drenados.

SUELO
La acelga crece con rapidez y acostumbra a alcanzar su madurez entre 8 y 12 semanas después de la siembra. Puede espigarse si las temperaturas son demasiado elevadas. Cuando aparezcan flores en el tallo, elimínelas. Mantenga el suelo libre de semillas y acolche cuando las temperaturas sean elevadas. Es importante seguir abonando la planta durante el período de crecimiento.

CRECIMIENTO Y CULTIVO

PROPAGACIÓN
En regiones subtropicales, puede plantar las semillas a lo largo de todo el año; en regiones templadas, de mediados de invierno a principios de verano, y, en regiones frías, de finales de verano hasta la primavera. Existen dos métodos de siembra: o bien siembra las semillas directamente en el suelo o trasplanta las plántulas. Prepare los terrenos con abono o materia en descomposición, 1 kg por metro cuadrado como mínimo, y compruebe que los suelos sean alcalinos. Si desea plantar las semillas directamente, debe realizar unos surcos poco profundos a lo largo de las filas, en el suelo, a una distancia de 40 cm. Añada fertilizante a cada lado de los surcos, llénelos de tierra y presione. Abra los surcos con una sembradora a una profundidad de 2-3 cm. Las plántulas aparecerán al cabo de 2 semanas. Cuando alcancen los 3 cm de altura, sepárelas a unos 30 cm.

RIEGO
Mantenga el suelo húmedo; para ello, riegue con regularidad.

ABONADO
Las acelgas agradecen un fertilizante rico en nitrógeno. Añada 100 g por metro cuadrado de un fertilizante completo NPK 6:6:6. Aplique también 20 g de urea por metro cuadrado junto a la planta una vez al mes para que crezca con vigor.

PROBLEMAS
Las manchas en las hojas es una enfermedad que afecta a los cultivos de primavera. Aparecen manchas grises y los bordes de las hojas se tornan marrones. Esta enfermedad debe tratarse con un pulverizador adecuado; de lo contrario, todas las hojas infectadas se deberán retirar y quemar. Los pulgones y los minadores de la hoja se pueden controlar regando abundantemente con la manguera.

RECOLECCIÓN

COSECHA
El período de cultivo de las acelgas resultará más prolongado si siembra las semillas en su debido momento. Las hojas maduras se pueden recolectar cuando sea necesario, cuando alcanzan los 10-20 cm de longitud. En vez de cortar los tallos es mejor romperlos o separarlos tirando hacia abajo y hacia fuera. Deje los tallos junto a la planta madre para potenciar el crecimiento.

Lycopersicon esculentum

TOMATE

CARACTERÍSTICAS

El tomate tiene una estructura delicada, con un tallo suave y hojas en forma de púas. La planta madura se comporta como una planta trepadora o una parra. Las flores amarillas crecen en grupo y producen un fruto de distintos tamaños, que puede ser rojo, amarillo o naranja con tonos blancos, dependiendo de la variedad. La cosecha de tomate es abundante y son muy apreciados por los aficionados a la horticultura.

CONDICIONES

CLIMA
Se han desarrollado variedades de tomate adaptables a cualquier tipo de clima.

UBICACIÓN
Prefiere la exposición al sol antes que una ligera sombra. Aunque prefiere estar expuesto totalmente al sol, el tomate puede sufrir desecación en climas demasiado cálidos. Estas plantas requieren un buen drenado y protección contra los intensos vientos.

SUELO
Prepare el huerto con abundante estiércol: 2 kg por metro cuadrado un mes antes del período de siembra. Cave un agujero de la profundidad de una pala. Esparza un poco de fertilizante debajo de cada planta de semillero, aunque no se debería añadir más hasta que no brote el primer fruto. Un fertilizante con un elevado contenido en nitrógeno hace crecer excesivamente las hojas. Los marcos de la plantación y la poda son aspectos muy importantes del cultivo, debido a la estructura relativamente frágil de las plantas. Los tallos frágiles necesitan estar bien sujetos para soportar el peligro del viento y el peso de los frutos grandes. Utilice 2 m de cañas y clávelas muy fuerte en la tierra mientras germina la plántula para evitar que la raíz se vea perjudicada durante el desarrollo de la planta. Cuando la planta crezca, sujete las cañas con cuerdas a una distancia de 30 cm entre cada una. Pode los brotes laterales que aparecen entre el pedúnculo y el tallo principal. Los brotes individuales se pueden conservar para que crezcan y formen otro tallo.

CRECIMIENTO Y CUIDADOS

PROPAGACIÓN
En climas tropicales cálidos puede sembrar las semillas a lo largo de todo el año; en regiones templadas, de finales de otoño a principios de verano, y, en regiones frías, sólo durante la primavera. Las semillas se deberían plantar directamente en el suelo a 0,5 cm de profundidad, pero acostumbran a germinar en semilleros. Las plántulas aparecerán en 14 días, aproximadamente, y cuando alcancen los 10 cm de longitud podrán conservarse en un pequeño recipiente durante un par de semanas para que adquieran vitalidad. Trasplántelas al huerto cuando alcancen 20-25 cm de longitud y plántelas a una distancia entre sí de 60 cm y en filas separadas también a 60 cm.

RIEGO
No permita que el suelo se seque, ya que durante la estación de crecimiento el tomate necesita abundante agua. Si no riega con regularidad, las flores se pueden pudrir. No riegue las plantas por encima con el sistema de aspersión. Riegue entre los surcos.

ABONADO
Es necesario aportar fósforo, un importante nutriente, especialmente durante el período de germinación. La falta de fósforo provoca una escasa cosecha. Añada 65 g/m^2 de un fertilizante NPK 8:11:10 antes de la siembra o administre el fertilizante por debajo de la plántula.

PROBLEMAS
Es propenso a presentar manchas debido a la putrefacción causada

por los trips. Los frutos inmaduros enrojecen o aparecen manchas y las hojas deformadas se tornan moradas. Las manchas blancas o de las hojas es una enfermedad muy común en los climas con abundantes precipitaciones, pero también a causa de un exceso de nitrógeno. Los parásitos, los pulgones, las moscas de la fruta y otras plagas pueden controlarse con la ayuda de un fungicida adecuado.

Practique la rotación del cultivo si la enfermedad del suelo es endémica.

RECOLECCIÓN

COSECHA — El fruto se puede recolectar tras 3-5 meses después de plantar. También puede recolectar el fruto una vez haya madurado en la planta o cuando aún esté verde; entonces debe dejarlo madurar en el interior.

Brassica rapa

NABO

CARACTERÍSTICAS

Se trata de una hortaliza muy parecida al nabo sueco. La raíz ancha, que, de hecho, es una protuberancia en la base del tallo, brota a la superficie del suelo cuando la hortaliza crece. El nabo puede presentar diferentes formas y tamaños. Tiene una carne blanca con una piel que sostiene una roseta de hojas verdes en forma de pluma. Tanto las hojas como la raíz son comestibles.

CONDICIONES

CLIMA — Crece mejor si se cultiva en climas fríos, aunque suele adaptarse a todos los climas, dependiendo de la variedad de nabo.

UBICACIÓN — Prefiere la exposición al sol antes que una ligera sombra, así como los suelos bien drenados.

SUELO — El suelo se tiene que preparar con abundante materia orgánica antes de la siembra para ayudar a que la raíz crezca con libertad. Los suelos que se han abonado y se han trabajado para cultivos anteriores son ideales, siempre y cuando el anterior cultivo no pertenezca al género *Brassica*, es decir, hortalizas como la col, las coles de Bruselas o el brécol. Mantenga húmedo el suelo y no permita que la tierra se seque. No rodee el fruto con tierra.

CRECIMIENTO Y CUIDADOS

PROPAGACIÓN — La mejor época para la siembra es de finales de verano a principios de otoño en regiones subtropicales cálidas; de mediados de verano a mediados de otoño en regiones templadas, y, en regiones frías, existen dos períodos de siembra, uno a finales de verano y el otro de invierno a principios de primavera. Sembrar cada 3 semanas garantiza un período de cultivo más prolongado.

Las semillas se plantan directamente en la tierra en filas a un 1 cm de profundidad, como máximo, y con una distancia entre sí de 25 cm. Realice surcos poco profundos o cave agujeros a lo largo de las filas, deje caer las semillas, cúbralas con sustrato y riegue. Cuando germinen, separe las plantas 10 cm entre sí.

RIEGO — Esta hortaliza requiere un riego abundante, sobre todo durante las estaciones particularmente cálidas.

ABONADO — Prepare una mezcla ligera de estiércol de ave y esparza 50 g por metro cuadrado de un fertilizante completo NPK 5:7:4. Aplique esta misma mezcla 4 semanas después de la siembra.

PROBLEMAS — Los nabos no presentan enfermedades graves, aunque sufren plagas. Los pulgones se pueden fumigar o controlar con insecticidas. Las orugas y las larvas que afectan a otras *Brassica* pueden suponer un peligro para el nabo y el nabo sueco. Emplee un insecticida adecuado cada dos semanas desde el momento de germinación, ya que ayudará a reducir estos problemas en el suelo de cultivo.

RECOLECCIÓN

COSECHA — La hortaliza alcanza su madurez a los 2-3 meses, aunque en zonas más cálidas puede tardar menos. Arranque de la tierra las raíces enteras antes de que se tornen ásperas y duras y adquieran un sabor demasiado intenso. Si se han sembrado las semillas de forma compacta, puede que tenga lugar un exceso de germinación. Si esto ocurre, puede recolectar las hortalizas 8 semanas después de la siembra, ya que son comestibles tanto la raíz como la hoja en esta primera fase de crecimiento.

Cichorium intybus

ENDIBIA

CARACTERÍSTICAS

También se conoce con el nombre de endibia belga o achicoria de Bruselas. La endibia es una variedad dentro de la familia de las achicorias; de hecho, es el cogollo blanqueado de la planta de la achicoria. Durante el período de crecimiento, la cabeza crece de forma compacta con hojas puntiagudas blancas y con las puntas verdes o amarillas.

CONDICIONES

CLIMA UBICACIÓN Crece mejor si se cultiva en épocas frías. Prefiere el pleno sol o el sol parcial antes de exponerlas a un entorno oscuro controlado para blanquearlas.

SUELO Si las semillas se siembran en primavera, necesitarán más nutrientes para desarrollarse precozmente en otoño. En este momento, las plantas se deben extraer para iniciar la segunda fase del cultivo, que consiste en blanquearlas. Las partes superiores de las plantas se cortan dejando 5 cm de raíz por encima de la copa. Luego, se colocan verticalmente en una caja o en un recipiente, que se puede cubrir para evitar el contacto con la luz solar con 1 cm de tierra suelta. Esto evita que las hojas adquieran un sabor amargo. El recipiente debe estar en un lugar oscuro a una temperatura que no descienda de 10 ºC.

CRECIMIENTO Y CUIDADOS

PROPAGACIÓN Siembre las semillas en primavera hasta principios de verano. Es preferible hacerlo directamente en los arriates donde vayan a crecer, antes que tener que trasplantar las semillas germinadas más adelante. Plante las semillas a 1 cm de profundidad, separadas entre sí a una distancia de 30 cm. También puede plantarlas muy juntas y, cuando empiecen a germinar, separarlas unos 25 cm. Cubra con un mantillo las plantas jóvenes para impedir que crezcan las malas hierbas y mantener húmedo el suelo. La primera fase del cultivo empieza con la siembra y termina en el momento en el que se recolectan los frutos. Durante la segunda fase, se recolectan las endibias y se colocan en una caja oscura o en un recipiente hasta que maduren.

RIEGO Es necesario regar con regularidad para conservar el suelo húmedo, especialmente en los meses de verano más cálidos durante la estación de crecimiento. Esto favorece el crecimiento y evita que las hojas resulten amargas.

ABONADO Prefiere terrenos abonados donde anteriormente se hayan practicado otros cultivos. Los suelos abonados recientemente pueden provocar que la raíz se rompa. Si la endibia necesita más nutrientes, mezcle con la tierra 100 g por metro cuadrado de un fertilizante completo NPK 5:6:4.

PROBLEMAS Las plagas o enfermedades no acostumbran a suponer ningún problema.

RECOLECCIÓN

COSECHA A partir del momento en que las semillas se siembran la endibia tarda aproximadamente 4 meses en madurar. La segunda etapa de la fase de cultivo o proceso de amarilleamiento implica entre 8 y 12 semanas. En este tiempo, la endibia alcanzará los 15-20 cm de longitud y estará lista para ser recolectada; debe recolectarla sólo cuando sea necesario. Una vez recolectada se debería conservar en el frigorífico, ya que si se expone al sol, la endibia puede adquirir un sabor amargo.

Cucurbita pepo
CALABACÍN

CARACTERÍSTICAS

Los calabacines en realidad son un tipo alargado de calabaza que se cosecha cuando todavía es relativamente joven. El calabacín crece en matas y es bastante prolífico. Es una especie ideal para ser cultivada en maceta. Tiene una forma alargada y un color verde oscuro con toques amarillentos. Puede medir de 15 a 20 cm cuando está maduro.

CONDICIONES

CLIMA Es una planta de clima templado, sensible al frío y a las heladas. Se puede cultivar en prácticamente cualquier lugar, aunque, cuanto más frío sea el clima, más breve será el período de crecimiento. También es apto para el cultivo en maceta en interiores, donde las condiciones se puedan adecuar a las necesidades de crecimiento de la planta.

UBICACIÓN Se puede cultivar expuesto completamente al sol o en una ligera sombra y en un gran número de suelos, pero es esencial un buen drenaje.

SUELO Los calabacines consumen muchos nutrientes, por lo que sienten predilección por los suelos muy abonados. Por ello, añada estiércol y fertilizantes en abundancia a la tierra varias semanas antes de plantarlos. Evite las malas hierbas y otras sustancias en descomposición, ya que podrían causar enfermedades. Trate las plantas cuidadosamente, procurando no dañar el delicado sistema radicular. Si no produce frutos puede deberse a unas inadecuadas condiciones climáticas o a la escasa afluencia de abejas en las flores, lo que suele ocurrir cuando se cultivan en interiores. Si éste es el caso y quiere que sus plantan fructifiquen, tendrá que polinizar las flores masculinas y femeninas manualmente.

CRECIMIENTO Y CUIDADOS

PROPAGACIÓN En climas cálidos y subtropicales puede plantar durante todo el año; en climas templados, en primavera, y, en climas fríos, a principios de verano. Siembre las semillas en macetas 4 o 5 semanas antes de trasplantarlas al huerto. Siembre las semillas a 2 cm de profundidad en una mezcla germinadora de semillas o bien siémbrelas en su ubicación definitiva. Realice hoyos cóncavos de unos 20 cm de profundidad y siembre varias semillas a 1,5 cm de profundidad. Coloque la tierra extraída alrededor del hoyo. Deje una separación de 1 m entre las «hoyas». Cuando nazcan las plántulas, retírelas todas menos dos o tres. Finalmente, cuando aparezcan las hoyas, conserve sólo la que crezca más sana. Retire las plántulas; para ello, córtelas a ras del suelo para no dañar las raíces de la plántula definitiva. Si planta en hileras, deje aproximadamente 1 m de distancia entre las plantas.

RIEGO Mantenga la planta regada, pero no moje los tallos ni el follaje. La retención de humedad del suelo depende de su estructura: los suelos arenosos necesitan más agua que los suelos pesados. La carencia de agua provoca la caída del fruto en desarrollo. Las hojas se marchitan con el calor, pero se recuperan si el suelo se conserva húmedo.

ABONADO Añada 100 g de fertilizante completo NPK 5:6:6 por metro cuadrado de tierra antes de sembrar. Cuando se haya formado el fruto, puede añadir finas capas de urea (20 gramos por metro cuadrado) alrededor de la planta; riegue inmediatamente. Recuerde que un exceso de

PROBLEMAS fertilizante da lugar a un crecimiento vigoroso de la planta y a una reducción del desarrollo de los frutos. Los más comunes son el mildiu polvoriento y el marchitamiento bacteriano. No manipule las plantas frágiles si están mojadas y mantenga limpio el terreno. Entre las enfermedades se encuentra el mosaico vírico. Las plantas infectadas deben fumigarse o bien eliminarse. Fumigue para controlar los áfidos y el escarabajo de la calabaza, que atacan a la planta en las primeras fases de crecimiento.

RECOLECCIÓN

COSECHA Recolecte los frutos cuando midan entre 10 y 15 cm. La recolección constante prolonga la floración.

BLUME

Título original:
Vegetables

Traducción:
Cristóbal Barber Casasnovas

Revisión científica de la edición en lengua española:
Xavier Bellido Ojeda
Experto en jardinería
Asesor en plantaciones y reformas

Coordinación de la edición en lengua española:
Cristina Rodríguez Fischer

Primera edición en lengua española 2007

© 2007 Naturart, S.A. Editado por Blume
Av. Mare de Déu de Lorda, 20
08034 Barcelona
Tel. 93 205 40 00 Fax 93 205 14 41
E-mail: info@blume.net
© 2005 Murdoch Books Pty Limited, Australia

I.S.B.N.: 978-84-8076-689-0

Impreso en China

CONSULTE EL CATÁLOGO BLUME DE PUBLICACIONES ON-LINE
INTERNET: HTTP://WWW.BLUME.NET